Sie mögen romantische Geschichten, gewürzt mit Humor und einer Prise Erotik?

Wenn Sie bereit sind, Maren auf ihrem Weg zurück ins Leben zu folgen und dabei auch Irland ein wenig besser kennenzulernen (oder wiederzuerkennen), haben Sie mit diesem Buch die richtige Wahl getroffen. Alle beschriebenen Gegenden, geschichtlichen Ereignisse und Legenden gibt es wirklich. Auch die erwähnten Touren könnten Sie genau so durchführen.

Falls Sie nach Irland reisen, werden Sie jedoch vergeblich nach ›The Ferns‹, der ›McLeary Nursery‹ und ›Doyle & McLeary Bustours‹ Ausschau halten. Diese sind, wie alle handelnden Personen und die sie betreffenden Ereignisse, reine Fiktion.

Corrib Cottage

Iris H. Green

Lektorat: Ursula Hahnenberg · www.buechermacherei.de
Covergestaltung/Satz & Layout/eBook: Gabi Schmid · www.buechermacherei.de
Fotos: Privat
Grafiken: #4663290, #83141218, #201411306, #220858689, #233011940, #240175907, #19604449, #11618793, #100516053, #103089836 | AdobeStock

Druck und Verlagsdienstleister:
tredition GmbH, Halenreie 40-44, 22359 Hamburg

1. Auflage
978-3-347-01478-7 (Paperback)
978-3-347-01480-0 (e-Book)

1.

Maren

Die Fahrt von Dublin nach Curraduff dauerte etwa drei Stunden. Von der Landschaft, die an ihr vorbeiflog, nahm Maren kaum etwas wahr. Entlang der Autobahn gab es auch nicht viel zu sehen. Hier und da ein paar Pferde, Kühe oder Schafe auf von hüfthohen Steinmauern begrenzten Weiden.

Seit sie in Frankfurt in den Flieger gestiegen war, fühlte sie sich wie ein Roboter, der stur seinem Basisprogramm folgte. Eigentlich schon seit Weihnachten, an das sie sich nicht erinnern wollte. An Silvester hatte sie sich in ihrem Bett verkrochen, allein. Es hatte nichts zu feiern gegeben, im Gegenteil. Anfang Januar hatte Maren sich endgültig von Victor verabschieden müssen.

Sie ließ die Innenstadt von Galway buchstäblich links liegen, und fuhr am Browne Roundabout auf die N 59 in nördlicher Richtung. Bald hatte sie die Vorstadthäuser hinter sich gelassen. Als auf der rechten Seite der Ballyquirke Lough auftauchte, dachte sie daran, dass sie den kleinen See für einen Ausläufer des Lough Corrib gehalten hatte, als sie mit Victor das erste Mal diese Strecke gefahren war. Knapp sechs Jahre war das her. Bisher war sie noch nie allein in Irland gewesen.

In Oughterard verließ sie die Nationalstraße und bog rechts ab auf die Glann Road, die zum Ufer des Lough Corrib führte. Am Pine Grove B&B begann sie automatisch die Feldwege auf der linken Seite zu zählen. Wenn sie zur O'Brian-Farm wollte, musste sie bei neun abbiegen, auch wenn sie lieber geradeaus gefahren wäre. Nur noch anderthalb Kilometer trennten sie von ›The Ferns‹, ihrem Schneckenhaus, in dem sie sich verkriechen wollte. Niemanden sehen, mit niemandem reden müssen.

Aber zuerst brauchte sie den Schlüssel dazu.

Bei Licht betrachtet war es eine Schnapsidee, eine Kurzschlusshandlung. Welcher Teufel hatte sie geritten, alles hinzuwerfen für ein dreihundert Jahre altes Cottage, das man höchstens finden konnte, wenn man sich hoffnungslos verfahren hatte? Auf genau diese Weise hatten Victor und sie es damals am Ufer des Lough Corrib entdeckt, spontan gekauft und seither ihre Urlaubstage damit verbracht, es zu renovieren.

Sie hatten sich mit ihren Nachbarn angefreundet. Moira und Anton O'Brian waren Mitte fünfzig, ihre Farm war etwa drei Kilometer entfernt, wenn man den Feldweg nahm. Ging man durch das kleine Wäldchen und über eine Schafweide, waren es nur sechshundert Meter. Die beiden kümmerten sich um ›The Ferns‹, wenn Maren und Victor in Deutschland waren. Im Dezember hatte Maren ihnen einen Umschlag mit schwarzem Rand geschickt. Die Karte darin erklärte nichts außer der Tatsache, dass Victor tot war.

Maren stellte ihren Mietwagen vor dem Gewächshaus der Farm ab, weil sie wusste, dass Moira um diese Zeit meistens mit ihren Setzlingen beschäftigt war. Sie atmete ein paar Mal tief durch, dann stieg sie aus, klopfte an die Tür und trat auch gleich ein. Erdiger Geruch schlug ihr entgegen, vermischt mit dem Duft nach Kräutern. Nach zwei Schritten blieb sie stehen, unfähig, etwas zu sagen.

Moira sah von den Pflanzkästen auf, Überraschung im Blick, streifte ihre Arbeitshandschuhe ab und kam mit raschen Schritten auf Maren zu.

»Maren«, sagte Moira mitfühlend und nahm sie in die Arme.

Ein, zwei Minuten standen sie so, dann fand Maren ihre Stimme wieder. »Ich möchte den Schlüssel für ›The Ferns‹ abholen«, sagte sie.

»Du wirst erst einmal in die Küche kommen und einen Tee mit mir trinken«, sagte Moira und schob sie sanft in Richtung Tür. »Kommst du direkt vom Flughafen?«

»Ja.« Maren deutete auf den Opel, als sie daran vorbei zum Haus gingen. »Den behalte ich nur so lange, bis ich ein eigenes Auto habe.«

»Anton wird dir gern helfen, eins zu finden«, versicherte Moira. »Setz dich, ich kümmere mich um den Tee.« Sie füllte den Wasserkocher und schaltete ihn ein.

Maren war dankbar, dass Moira nicht fragte, was genau passiert war. In Deutschland hatte jeder sie mit dieser Frage überfallen, Nachbarn, Kollegen, die Kassiererin im Supermarkt, der Tankwart. Weil ein gesunder Mann von sechsunddreißig Jahren nicht einfach so stirbt. Moira dagegen wollte wissen, was Maren an Lebensmitteln brauchte, damit sie ihr etwas einpacken könnte.

»Danke, das Nötigste habe ich schon im Supermarkt in Oughterard gekauft. Essen ist zurzeit ziemlich nebensächlich.«

»Das sieht man. Du bist nur noch Haut und Knochen. Übertreib's nicht.«

Moira stellte zwei Tassen und eine Zuckerdose auf den Tisch, goss kochendes Wasser über die Teebeutel und setzte sich neben Maren an die Stirnseite des Tisches.

»Anton hat in ›The Ferns‹ jede Woche einmal für ein paar Stunden diese neumodischen Dinger eingeschaltet, die gar nicht wie Heizungen aussehen, aber in Nullkommanichts mollige Wärme verbreiten.«

»Infrarot. Der letzte Schrei. Stinkt nicht so wie der alte Heizölkessel.« Maren löffelte Zucker in ihren Tee, rührte um und trank vorsichtig einen Schluck. »Der ist gut.«

Dann stellte Moira doch noch eine Frage: »Wie lange willst du bleiben?«

»Für immer«, sagte Maren leise.

Moira nickte verständnisvoll. »Komm jederzeit herüber, wenn du reden willst. Wir können auch gemeinsam schweigen.«

Maren drückte dankbar Moiras Hand. Nicht ständig über ihren Gemütszustand und das, was geschehen war, sprechen zu müssen, war einer der Gründe für ihre Flucht.

Ein paar Minuten später kam Anton vom Feld. Auch er umarmte Maren, nur kurz aber genauso herzlich wie seine Frau. »Sag Bescheid, wenn du Hilfe brauchst«, war alles, was er sagte. Er war kein gesprächiger Typ, aber ein aufmerksamer Zuhörer und geschickter Handwerker.

Zuletzt erzählte Maren den beiden doch noch von dem Tag, als die Polizisten vor der Tür gestanden hatten, drei Tage vor Weihnachten. »Sie haben mich gefragt, ob ich den Baum haben will, der auf dem Dach unseres Autos festgeschnallt war. Der war das Einzige, was bei dem Zusammenstoß mit dem Autotransporter heilgeblieben ist.«

Erst als Maren vor ›The Ferns‹ den Motor abstellte, brach sie in Tränen aus. Die Taubheit, die sie beim Start des Flugzeugs überkommen und die während des Besuchs bei Moira und Anton angehalten hatte, löste sich beim Anblick des Cottages im Scheinwerferlicht von einer Sekunde auf die andere auf. Wie hatte sie annehmen können, der Schmerz über ihren Verlust würde aufhören, wenn sie der vertrauten Umgebung entfloh? Das hier war noch schlimmer. Ihr gemeinsamer Traum von einem Heim.

Victor, am Beginn seiner aussichtsreichen Karriere als Architekt, hatte die Pläne gezeichnet, dem Bauunternehmer gesagt, was erhalten bleiben und was verändert werden sollte. So war ein Anbau für Küche und Bad entstanden, mit einem kleinen Flur dazwischen. Natürlich auf der Rückseite, damit der ursprüngliche Charakter von ›The Ferns‹ erhalten blieb. Er hatte darauf bestanden, dass die neuen Fenster wie die alten aussahen, zweigeteilt, mit Sprossen und Holzklappläden davor, leuchtend blau gestrichen, wie die Fensterrahmen. Das teilweise undichte Schieferdach war durch ein Reetdach ersetzt worden, danach hatten sie eigenhändig die knubbelige Fassade geweißt und eine Menge Spaß dabei gehabt.

Nachdem sie vier oder fünf Taschentücher verbraucht hatte, stieg Maren mit wackligen Knien aus und brauchte drei Versuche, bis der Schlüssel im Schloss steckte. Sie betrat den Hauptraum, schaltete das Licht an und schaute sich um. Links der offene Kamin, davor eine Couch und zwei Sessel, rechts zwei Türen und dazwischen ein fast leeres Bücherregal. Das würde sich ändern, wenn in den nächsten Tagen die Kisten mit ihren Habseligkeiten eintrafen. Die vordere Tür führte in ein kleines Arbeitszimmer und die hintere in ihr Schlafzimmer. Wo einst die Hintertür gewesen war, befand sich der offene Durchgang zum Anbau. Das ehemalige Fenster links davon diente nun als Durchreiche zur Küche und direkt davor stand der Esstisch. Den alten Steinboden hatten sie gereinigt und versiegelt, die Unebenheiten aber weitgehend belassen, zumindest dort, wo keine beweglichen Möbel stehen sollten.

Emotional und körperlich erschöpft, zwang sie sich dazu, ihr Gepäck und die Einkäufe aus dem Auto zu holen. Sie stellte den Koffer vor der Schlafzimmertür ab und verstaute wie in Trance Lebensmittel und Hygieneartikel. Es lohnte sich nicht mehr, den Kamin anzuzünden, weil sie länger bei Moira und Anton geblieben war als ursprünglich geplant. Also trug sie den Koffer ins Schlafzimmer, legte ihn auf eine – Victors – Seite des Bettes und bezog die andere. Sie zog lediglich ihren Schlafanzug aus dem Koffer und kroch unter die Decke.

Mitten in der Nacht wachte sie plötzlich auf, desorientiert. Es war stockfinster und nicht das kleinste Geräusch war zu hören. Panisch streckte sie den Arm aus, doch ihre Hand berührte statt eines warmen Körpers nur etwas Kaltes, Kantiges.

Ihr Koffer. Aufgeklappt, unausgepackt.

›The Ferns.‹

Victor war tot.

Seit sechsundvierzig Tagen, die ihr vorkamen wie eine Ewigkeit. In den Nächten jedoch konnte sie ihn neben sich atmen hören, konnte sich einreden, alles sei nur ein Albtraum gewesen. Bis sie die Hand ausstreckte und erkannte, dass sie allein war.

Sie stand auf und rollte sich auf der Couch vor dem Kamin zusammen, weil sie die Leere des Bettes nicht ertrug. Der Leere in ihrem Inneren konnte sie nicht entkommen.

Ihren Freunden in Deutschland hatte Maren ihre Pläne verschwiegen. Dass sie ein One-Way-Ticket gekauft hatte, würden sie früh genug erfahren, könnten sie dann wenigstens nicht mehr zum nächstbesten Psychiater schleppen.

Ihre Kollegin Nina hatte sie gleich nach der Trauerfeier bedrängt, ihre im Herbst eingereichte Kündigung zu widerrufen. »Du brauchst eine Aufgabe, die dich ablenkt«, hatte sie gesagt, »und Stockmann wartet nur darauf, deinen inkompetenten Nachfolger wieder loszuwerden.«

Robert, Reisejournalist und ihr Nachbar, würde erst nach seiner Rückkehr aus Marokko merken, dass sie ihre Wohnung im Taunus samt Einrichtung einem Makler übergeben hatte.

Ihren Schulfreund Carlo, alleinerziehender Vater von Zwillingsmädchen, die mitten in der Pubertät steckten, würde Maren wohl am meisten vermissen.

Im Gegensatz zu Cousine Ingrid, ihrer einzigen noch lebenden Verwandten, und vor allem deren Mann Lothar, der jedem Rock hinterherhechelte.

Im März, sechs Wochen nach Marens Ankunft, sagte Moira bei einem ihrer Besuche auf der Farm: »Ich habe eine Bitte. Könntest du diese Gemüsekisten zu unseren Stammkunden in Oughterard und Maam Cross bringen? Ich muss mich dringend um die Freilandbeete kümmern und mir fehlt einfach die Zeit dafür.«

»Selbstverständlich, Moira. Dann fahre ich wenigstens nicht ziellos durch die Gegend. Sag Bescheid, wann immer du meine Hilfe brauchst. Ihr habt so viel für mich getan.«

Sie strich über das Dach des dunkelroten MINI Coopers, den sie mit Antons Unterstützung gekauft hatte.

Bald belieferte sie zwei- bis dreimal pro Woche verschiedene Restaurants in der Gegend und wurde dafür mit Naturalien entlohnt. Ihr war schnell klargeworden, dass Moira sie mit diesen Aufträgen vor allem aus ihrer Isolation locken wollte, aber sie sprach es nie an.

Es war ein Leichtes, mit den Köchen ein Gespräch über Gott und die Welt zu beginnen. Iren schrieben Gedichte oder Balladen über traurige Ereignisse, sie zerredeten sie nicht. Ihre deutschen Freunde hätten Maren wahrscheinlich ins Kino oder zu Partys geschleppt, um sie ›aufzumuntern‹, und damit das Gegenteil erreicht.

2.

Jobsuche

Ende Mai hatte Maren das Cottage fertig eingerichtet und sehnte sich nach einer weiteren Beschäftigung. Weniger aus Geldnot, denn der Erlös des zwischenzeitlich erfolgreichen Wohnungsverkaufs, Victors Lebensversicherung und seine Beteiligung an dem Architekturbüro würden etliche Jahre reichen. Aber sie war einfach nicht der Typ, der sich auf Dauer selbst genügte. ›Du brauchst Ablenkung‹, fielen ihr Ninas Worte ein. Es ging nicht darum, ihren Verlust zu übertünchen oder gar Victor zu vergessen, elf Jahre ihres Lebens in eine Kiste zu packen und den Deckel zu verschließen.

»Du hast zwei Möglichkeiten, Maren Lang«, sagte sie laut. »Du kannst selbst in diese Kiste springen oder du besinnst dich verdammt noch mal darauf, dass du lebst. Du bist es Victor und dir schuldig, das Beste daraus zu machen.«

Der Spiegelschrank im Schlafzimmer bot ein wenig schmeichelhaftes Bild: Nur der Bindegürtel ihrer Schlabberhose verhinderte, dass sie über die schmalen Hüften rutschte, das Shirt hing wie eine Kutte von ihren knochigen Schultern. Wann war sie das letzte Mal beim Friseur gewesen? Sie löste das Haarband, mit dem sie jeden Morgen die inzwischen schulterlangen, brünetten Locken bändigte. Die goldenen Glanzlichter darin waren kaum noch erkennbar. Sie schüttelte den Kopf. »So kannst du dich bei keiner Bank blicken lassen. Niemand stellt eine Vogelscheuche ein. Du brauchst eine Rundumerneuerung.«

Bevor sie es sich anders überlegen konnte, fuhr sie nach Clifden, sagte dem Friseur, sie wolle das volle Programm, inklusive Aufheller, Pflegepackung und Gesichtsmaske. Ja, auch eine Maniküre, aber keinen auffälligen Lack. Füße? Warum nicht, wenn sie schon einmal hier war. Die Kosmetikerin war begeistert, der Friseur auch. Beide verstanden ihr Handwerk.

Anschließend kaufte Maren eine dunkelgraue Stoffhose mit dazu passendem Blazer, eine Jeans, die keine Falten schlug, und zwei Blusen. Das sollte fürs Erste genügen.

Abends stellte sie eine Mappe mit ihren Unterlagen zusammen und fuhr am nächsten Morgen nach Oughterard, fragte in der Bank of Ireland, ob dort Bedarf an einer Anlageberaterin bestand. Der Filialleiter, ein fülliger Mann mit Schnurrbart und Halbglatze, den Maren auf Anfang sechzig schätzte und der gekleidet war, als käme er gerade vom Angeln, bot ihr zunächst Tee und Ingwerkekse an.

»Leider ist das alles, was ich Ihnen anbieten kann, Miss Lang«, sagte er bedauernd. »Zurzeit stellen wir nicht einmal eine Putzfrau ein, geschweige denn eine so hoch qualifizierte Fachkraft wie Sie.«

Er gab ihr die Mappe zurück, in der er dennoch interessiert geblättert hatte, und riet ihr, nach Galway zu fahren.

»Dort gibt es insgesamt fünfunddreißig Niederlassungen«, sagte er, »wovon Sie sich unsere zehn ersparen können. Die AIB besitzt sogar dreizehn Filialen und die anderen sechs Banken insgesamt zwölf. Vielleicht haben Sie bei einer davon mehr Erfolg. Aber erwarten Sie nicht zu viel, momentan brauchen alle Glück bei der Jobsuche.«

Maren bedankte sich und machte sich auf den Weg nach Galway.

Die Fahrt dauerte eine Dreiviertelstunde und sie stellte ihren MINI in das Parkhaus am Spanish Arch. Hier begann die Fußgängerzone, die bis zum Eyre Square führte. Ohne einen Blick in die meist vollgestopften Schaufenster der zahlreichen Geschäfte zu werfen, lief sie zielstrebig die Shop Street hoch.

Schon nach fünf Minuten hatte sie ihr erstes Ziel erreicht: Lynch's Castle, ein vierstöckiges graues Steingebäude und Sitz der Allied Irish Bank.

Maren dachte kurz daran, was sie über die Lynchs wusste, die einflussreichste Familie Galways. Zwischen 1484 und 1653 stellten sie 83 Bürgermeister in Folge. Es heißt, sie hätten den Begriff ›Lynchjustiz‹ geprägt. Genauer gesagt, James Lynch Fitz Stephen, der 1493 angeblich seinen Sohn Walter eigenhändig aufgeknüpft haben soll. Dieser hatte aus Eifersucht einen spanischen Studenten getötet, war rechtskräftig zum Tod verurteilt worden, aber dem Henker fehlte der Mut, sein Handwerk an einem Mitglied dieser mächtigen Familie auszuüben.

Historisch bewiesen ist dieser Vorfall nicht und ›lynchen‹ bedeutet heutzutage eher, jemanden ohne ein entsprechendes Urteil hinzurichten. Dennoch gibt es an der Seite des Gebäudes das ›Lynch Memorial Window‹ samt entsprechender Gedenkplakette. Tatsache dagegen ist, dass in dem Haus gegenüber Nora Barnacle lebte, bis sie 1904 James Joyce heiratete.

Wenig später saß Maren dem Personalchef der AIB gegenüber, einem hageren Mann mit vollem, fast silbern leuchtenden Haarschopf, der im Gegensatz zu seinem Kollegen in Oughterard wie aus dem Ei gepellt wirkte.

»Nun, Miss Lang, Ihre Referenzen sind beeindruckend«, sagte er. »In den Jahren des ›keltischen Tigers‹ hätten wir Sie mit Kusshand eingestellt, aber die fetten Jahre sind längst vorbei.«

»Wie sieht es in der Immobilienbranche aus?«, fragte sie, weil sie sich im letzten Jahr mit dem Bau, beziehungsweise der anschließenden Vermarktung von Wohnungen und Häusern vertraut gemacht hatte. Victor hatte letzten Herbst mit zwei Kollegen – einem Statiker und einem Innenarchitekten – ein Architekturbüro gegründet, in dem sie sich um Finanzen und Verträge hätte kümmern sollen. Deshalb hatte sie ihren Job bei der Bank in Frankfurt zum Jahresende gekündigt, was ihre Flucht nach Irland vereinfacht hatte. »Es gab doch zu der Zeit in ganz Irland einen Bauboom.«

»Das stimmt, aber wie Sie sich denken können, gibt es jetzt genau deshalb ein Überangebot bei kaum nennenswerter Nachfrage. Die Makler sind froh, einigermaßen über die Runden zu kommen, mit so wenig Personal wie nur möglich.«

Bei der Bank of Ireland und der Ulster Bank lief es auf dasselbe hinaus, ebenso bei Irish Estates, Corrib City Lets und Property Journals, drei der größeren Maklerbüros zwischen Eyre Square und Abbeygate Street.

Die folgenden Stunden verbrachte Maren mit einem Bummel durch die lebhafte Fußgängerzone. Sie blieb hier und da kurz stehen, um einem der Straßenmusikanten zu lauschen, stöberte in Eason's Bookstore, ohne sich für eine bestimmte Lektüre entscheiden zu können, kaufte nur eine der zauberhaften Engelkarten. Der Spruch darin erschien ihr passend: *Treat yourself with kindness, listen to how you feel. Wrap yourself in soft, warm thoughts, for this is your time to heal.* Noch war sie weit entfernt davon; die Wunde in ihrem Herzen schmerzte vor allem nachts, weshalb sie öfter auf der Couch als in ihrem Bett schlief.

Im Schaufenster eines der Touristenbüros entdeckte sie ein Plakat, das Tagesausflüge zu den Aran Islands anpries. Die hatten sie und Victor immer mal besuchen wollen, es aber nie geschafft. Kurzentschlossen trat sie ein und erkundigte sich bei einer älteren Frau, auf deren Namensschild ›Aoife‹ stand, nach Einzelheiten.

»Kann ich die Tour auch ohne Busfahrt von hier zum Hafen buchen?«, fragte sie dann. »Ich wohne etwas außerhalb von Oughterard und von dort ist es genauso weit nach Rossaveal wie nach Galway. Dann müsste ich erst eine Stunde später losfahren.«

»Ganz unter uns«, sagte Aoife und beugte sich leicht über den Tresen, »dann müssen Sie gar nicht buchen, zumindest nicht bei uns. Sie können direkt bei ›Aran Island Ferries‹ anrufen und einen Platz auf der Fähre reservieren. Die Rundfahrt über Inishmore ist sowieso nicht im Preis enthalten. Am Hafen von Kilronan warten immer jede Menge Minibusse auf Fahrgäste, da haben Sie die freie Auswahl.«

»Danke für den Hinweis. Bekommen Sie keinen Ärger, wenn Sie potentielle Kunden abweisen?«

»Natürlich nicht. Wir sind in erster Linie zum Beraten hier, nicht zum Verkaufen. Mittlerweile lebt die halbe Insel vom Tourismus, also ist es auf lange Sicht besser, wenn die Leute wiederkommen, weil sie die irische Gastfreundschaft schätzen, als dass man ihnen etwas verkauft, was sie nicht brauchen. Wie gefällt es Ihnen am Lough Corrib? Die Cousine meiner Schwägerin betreibt dort ein B&B, die Grady Lodge. Wäre ein Zufall, wenn Sie bei ihr wohnten, nicht wahr?«

»Das kann man wohl sagen. Tatsächlich kenne ich das Haus, allerdings nur vom Vorbeifahren. Mir gehört ›The Ferns‹, ich lebe dort seit vier Monaten. Heute habe ich eigentlich versucht, einen Job zu finden, leider erfolglos.«

»Ach – Sie haben Paul Carpenters Cottage gekauft? Es soll ihm ja recht gut gehen in Neuseeland, hat was gemacht aus dem Startkapital, das er Ihnen zu verdanken hat.«

»Das freut mich zu hören.«

»Marjorie, also die Cousine meiner Schwägerin, hat uns erzählt, wie hübsch die alte Bruchbude mit dem neuen Reetdach aussieht und dass Sie jetzt dort eingezogen sind. Tragische Geschichte. Und nun suchen Sie also einen Job? Warum in Galway?«

»Weil es hier eine Menge Banken gibt. Leider braucht keine davon eine Anlageberaterin, schon gar keine deutsche. Und in der Immobilienbranche sieht es nicht besser aus. Ich werde mir also etwas anderes einfallen lassen müssen. Das Tourist Board sucht nicht zufällig noch Mitarbeiter?«

Es war ein spontaner Einfall, nicht wirklich ernst gemeint. Vielleicht lag es daran, dass Aoife sie nur knapp hatte wissen lassen, dass sie ihre Lebensumstände kannte, ohne näher darauf einzugehen. Ihre hart erkämpfte, oberflächliche Gelassenheit war noch immer schnell dahin, wenn sie sich veranlasst sah, über Victors Unfall reden zu müssen.

»Kommt ganz darauf an, was Sie machen wollen«, antwortete Aoife zu ihrer Überraschung. »Bürojobs sind dünn gesät, aber es werden oft Leute gesucht, die vor Ort Besucher empfangen, zum Beispiel in Dan O'Hara's Heritage Center oder Aughnanure Castle, was beides in Ihrer Nähe liegt. Die Bezahlung ist natürlich bescheiden und es wird erwartet, dass Sie auch für Ordnung und Sauberkeit sorgen. Weil es aber sehr viele deutsche Touristen gibt, die nicht alle gut Englisch sprechen, stünden Ihre Chancen vielleicht gar nicht so schlecht. Ich gebe Ihnen mal die Telefonnummer der Zentrale, ein Anruf kann ja nicht schaden.«

Sie rief eine Seite in ihrem Computer auf und schrieb etwas auf einen Zettel, den sie Maren reichte.

»Nein, warten Sie«, bat sie dann und nahm ihr das Blatt wieder aus der Hand. »Mein jüngerer Bruder Elmer ist Reiseleiter, er hat mit seiner Frau und deren Bruder ein eigenes Unternehmen in Spiddal. Vielleicht braucht er jemanden, der ihn bei seinen Rundreisen mit deutschen Touristengruppen begleitet und übersetzt, was er zu erzählen hat. Er redet eine Menge.« Aoife zwinkerte Maren verschmitzt zu und schrieb Namen, Adresse und Telefonnummer ebenfalls auf den Zettel. »Elmer und Sean sind zwar die meiste Zeit unterwegs, aber Ciara können Sie immer in ihrem Büro antreffen. Viel Glück und grüßen Sie Marjorie Grady von mir, wenn Sie sie sehen.«

Maren bedankte sich und machte Platz für die Leute, die mittlerweile eine Schlange hinter ihr gebildet hatten. Von all den Namen schwirrte ihr der Kopf, die musste sie erst einmal sortieren. Zu diesem Zweck gönnte sie sich einen Cappuccino in einem der Straßencafés. Das war es, was sie an Irland so liebte. Jeder schien jeden zu kennen oder war, oft über sieben Ecken, mit Dutzenden von Leuten verwandt, und nichts war leichter, als miteinander ins Gespräch zu kommen.

In einem Kassenhäuschen zu sitzen und Prospekte auszuteilen entsprach kaum ihrer Vorstellung von einer sinnvollen Tätigkeit. Sie dachte über Aoifes zweiten Vorschlag nach, bezweifelte aber, ob ausgerechnet ein Busunternehmen das Richtige für sie wäre. Zwar hatte sie schon einige Countys bereist, doch fehlten ihr fundierte Kenntnisse über Organisation und technische Abläufe von Gruppenreisen. Andererseits konnte sie eine Menge über Irland lernen, wenn sie solche Rundreisen als Dolmetscherin begleitete.

Sie sprach mit Moira darüber, die es für eine gute Idee hielt, und natürlich kannte sie Aoife und Elmer.

»Wir wohnten nur zwei Straßen voneinander entfernt und sind in dieselbe Schule gegangen, wenn auch in verschiedene Klassen«, sagte Moira. »Ciara stammt aus County Cork, du wirst sie mögen. Über Sean weiß ich nicht viel, er tauchte vor zwei Jahren plötzlich auf und hat mit Elmer das Busunternehmen aufgezogen. Läuft ganz gut, wie ich hörte. Sie bieten Rundreisen durch ganz Irland an, eher für kleinere Gruppen.«

»Ich weiß nicht so recht. Zwar kann ich gut mit Menschen umgehen, kenne mich aber eher mit Finanzmärkten aus als mit irischen Sehenswürdigkeiten.«

Moira winkte ab. »Das lernst du schnell, wenn du mit Elmer oder Sean unterwegs bist. Vielleicht freut sich auch Ciara über Hilfe im Büro. Sie haben zwei Kinder, drei und sechs Jahre alt, für die sie gern mehr Zeit hätte. Du kennst dich doch sicher mit Computern aus. Jedenfalls ist das interessanter als hinter einem Tresen zu sitzen und abends Ausstellungsstücke abzustauben und Müll einzusammeln.«

»Stimmt schon«, gab Maren zu, immer noch nicht ganz überzeugt. »Aber jetzt sollte ich besser los, die Köche in

Oughterard und Maam Cross warten bestimmt schon auf ihr Gemüse.«

Am Nachmittag rief sie bei Aran Island Ferries an und buchte für den übernächsten Tag ein Returnticket ab Rossaveal nach Kilronan auf Inishmore, der größten der drei Aran Islands. Sie solle um zehn Uhr am Pier sein, eine halbe Stunde vor Abfahrt, sagte man ihr, und die Überfahrt dauere etwa eine Dreiviertelstunde. Um fünf Uhr nachmittags ginge die letzte Fähre zurück.

Maren fuhr um neun Uhr von ›The Ferns‹ los und reihte sich fünfzig Minuten später in die Schlange der Passagiere ein. Die See war ruhig, der Himmel zwar bewölkt, aber trocken. Sie blieb an Deck und füllte ihre Lungen mit salziger Meeresluft.

Wie Aoife gesagt hatte, warteten am Hafen von Kilronan etwa zehn mehr oder weniger klapprige Minibusse. Deren Fahrer sprachen wortgewandt, wenn auch in ziemlich unverständlichem Dialekt, die Touristen an, die von der Fähre kamen. Maren sagte sich, ein Bus sei so gut wie jeder andere und stieg bei einem beleibten älteren Fahrer ein.

Zu Beginn musste sie sich sehr konzentrieren, um zu verstehen, was er über die Insel erzählte, aber mit der Zeit fiel es ihr leichter. Sie fand seine Ausführungen recht witzig, war sich aber nicht sicher, ob es wirklich drei Schulen, drei Polizisten und sechs Pubs gab. Oder dass jede Familie ihr ganz spezielles Muster für die berühmten Zopfpullover besitzen sollte, anhand dessen angeblich ertrunkene Seeleute identifiziert wurden.

Von dem am Klippenrand gelegenen Ringfort Dun Aengus schaute sie zu den Cliffs of Moher, die gerade noch am Horizont zu erkennen waren. Dort war sie schon mit Victor gewesen, während eines zweiwöchigen Urlaubs in County Clare, bevor sie im Jahr darauf ›The Ferns‹ entdeckt hatten.

Fünf Monate ohne ihn, fast vier davon in Connemara, und es schmerzte noch immer, an ihn zu denken, egal, wo sie sich gerade aufhielt oder mit wem sie sprach. Das Thema spielte dabei gar keine Rolle. Ihren Freunden gegenüber, die noch immer versuchten, sie zur Rückkehr nach Deutschland zu bewegen, behauptete sie, es ginge ihr hier besser. Was keine komplette Lüge war. Zumindest blieben ihr mitleidige Blicke und stereotype Beileidsbekundungen erspart.

Auf der Rückfahrt von Rossaveal nahm sie mit ihrem MINI die etwas längere Strecke entlang der Galway Bay und fuhr am Büro von ›Doyle & McLeary Bustours‹ in Spiddal vorbei. Es war ein normales, freistehendes Wohnhaus direkt an der Hauptstraße, das sich lediglich durch den in einem der Fenster angebrachten orange-weißen Schriftzug von den beiden Nachbarhäusern unterschied.

Drei Tage später fasste sie sich ein Herz und rief dort an. Noch war sie nicht irisch genug, um einfach unangemeldet aufzutauchen.

»Hier ist Maren Lang von ›The Ferns‹ in Curraduff«, stellte sie sich vor, nachdem Ciara Doyle sich gemeldet hatte. »Ich habe mich letzte Woche mit Ihrer Schwägerin Aoife Noonan unterhalten. Sie erwähnte, dass Sie vielleicht jemanden mit Deutschkenntnissen suchen, als Dolmetscher oder für die Übersetzung der Reisebeschreibungen auf Ihrer Website. Das ist zufällig meine Muttersprache.«

Ciara Doyles geschäftsmäßiger Tonfall wechselte zu dem melodischen Singsang, den Maren von ihren Aufenthalten in West Cork wiedererkannte. »Sie sind die Frau, die vergeblich einen Job bei einer Bank in Galway gesucht hat? Aoife hat mir davon erzählt, und dass Sie sich melden würden.«

»Ja, stimmt. Ich brauchte ein wenig Zeit zum Überlegen. Von der Tourismusbranche habe ich nämlich keine Ahnung. Und von Busunternehmen auch nicht, kenne mich aber mit Firmenstrategien im Allgemeinen aus. Falls Sie also zufällig jemanden brauchen, der sich um Akquisition, Marketing oder Ihre Online-Präsenz kümmert? Das waren zumindest teilweise meine Aufgaben als Anlageberaterin.«

»So jemand wäre tatsächlich unbezahlbar. Leider im wörtlichen Sinn. Wir hoffen, bald schwarze Zahlen zu schreiben, falls es weiterhin so gut läuft. Was wir Ihnen anbieten könnten, wäre in Ihren Augen wahrscheinlich nur ein Taschengeld.«

»So viel brauche ich momentan gar nicht. Das Leben in Connemara ist Lichtjahre von dem in der Bankenmetropole Frankfurt entfernt. Was mir viel mehr fehlt, ist eine Aufgabe. Mein Cottage hat zwar ein neues Dach, aber manchmal befürchte ich, es könnte mir jeden Moment auf den Kopf fallen.«

Ciara lachte. »Sie gefallen mir, Maren. Warum kommen Sie nicht einfach auf eine Tasse Tee vorbei und wir unterhalten uns ein wenig über die Vor- und Nachteile von Reetdächern gegenüber Wolkenkratzern und Penthäusern? Elmer kommt übermorgen von seiner Tour zurück und die nächste beginnt erst vier Tage später, also können Sie ihn ebenfalls kennenlernen. Er ist schließlich der Boss. Glaubt er jedenfalls.«

Maren musste auch lachen und versprach, sich in drei Tagen zur Teestunde bei den Doyles einzufinden. Ciara klang sehr sympathisch. Selbst wenn kein Job dabei heraussprang, hätte sie vielleicht eine neue Freundin in ihrem Alter gefunden.

3.

Teestunde

Mit der irischen Pünktlichkeit, bei der im Gegensatz zur sprichwörtlichen deutschen die Uhrzeit bestenfalls ein Näherungswert ist, kannte Maren sich inzwischen aus. Aber was bedeutete »zum Tee«? Der klassische Fünfuhrtee oder der übliche Nachmittagstee, den man eher gegen drei Uhr einnahm? Sie ärgerte sich ein wenig, dass sie nicht genauer nachgefragt hatte, wollte aber nicht noch einmal anrufen.

Genauso ratlos stand sie vor ihrem Kleiderschrank. Anders als letzte Woche bei den Banken war es zwar kein klassisches Vorstellungsgespräch, aber Jeans und Pullover kamen ihr trotzdem unpassend vor. Schließlich entschied sie sich wieder für die dunkle Stoffhose mit dem etwas helleren Blazer und eine dezent gemusterte Bluse. Auf die Referenzen ihres früheren Arbeitgebers konnte sie verzichten, also genügte eine kleine Handtasche.

Um drei Uhr fuhr sie los, traf unterwegs nur auf einen langsam fahrenden Trecker, den sie nicht überholen konnte, und erreichte das Haus der Doyles um Viertel vor vier. Neben der Tür befand sich in Augenhöhe ein kleines Schild, auf dem stand: »Office Hours: 9 am – 2 pm« und »sundays closed«. *Angenehme Arbeitszeiten,* dachte Maren und klopfte in Ermangelung einer Klingel auf die Milchglasscheibe in der Tür.

Kurz darauf öffnete sich diese einen Spalt und ein etwa sechsjähriges Mädchen rief: »Wir haben geschlossen! Kannst du nicht lesen?«, fragte sie neugierig und fügte stolz hinzu: »Ich schon.«

Bevor Maren darauf reagieren konnte, hörte sie eine Frauenstimme sagen: »Sei nicht so vorlaut, Polly«, worauf die Tür ganz aufschwang und den Blick auf eine zierliche, schwarzhaarige Frau freigab, die sie fragend ansah.

»Maren Lang«, sagte Maren. »Wir sind zum Tee verabredet. Bin ich zu früh?«

»Bist du die Bankfrau?«, fragte Polly. »Wo ist dein Geldkoffer?«

»Jetzt ist aber gut«, wies Ciara ihre Tochter zurecht. »Geh zu deinem Dada. Entschuldigen Sie, Maren, unsere Erziehungsversuche fallen bei diesem Wildfang leider nicht auf fruchtbaren Boden. Kommen Sie herein, ich habe gerade die Scones aus dem Ofen geholt. Ah ja, ich bin Ciara, falls Sie das nicht schon geahnt haben.« Sie reichte Maren die Hand, zog sie kurzerhand in den Flur und schloss die Tür.

»Freut mich. Und ich mag aufgeweckte Kinder.«

»Warten Sie, bis Sie selbst welche haben.« Ciara verdrehte theatralisch die Augen, lächelte dann aber verschmitzt.

Maren folgte ihr in eine große Wohnküche im hinteren Teil des Hauses, wo ein kleiner Junge inmitten eines unordentlichen Haufens von Bauklötzen saß. Das musste Finn sein, der jüngste Spross der Familie. Gerade erhob sich ein stattlicher Mann mit rotblonden Haaren vom Boden. Er überragte Ciara und Maren um gut eine Kopflänge.

»Elmer, mein Mann. Maren Lang«, stellte Ciara sie einander vor, drehte sich rasch um und klopfte Polly auf die Hand, die an einem Scone auf dem Backblech knibbelte. »Verbrenn dir nur die Finger, junge Dame, ich will aber kein Geschrei hören.«

»Mister Doyle«, sagte Maren und fühlte ihre Hand in seiner Pranke verschwinden.

»Elmer genügt«, sagte er lächelnd. »Wir Kleinstädter sind nicht so förmlich. Nehmen Sie doch Platz, Maren.«

›Marryn‹, sagte er. Weil Ciara ihren Namen so ausgesprochen hatte? Sie korrigierte ihn nicht. Auch Anton hatte Schwierigkeiten damit. Fast jeder, außer Moira.

Ciara stapelte inzwischen die Scones in einem Körbchen und stellte Butter und Marmelade auf den Tisch. »Sie hätten nicht pünktlicher sein können, Maren.«

»Eine Tugend der Deutschen, wie ich schon öfter feststellen durfte«, meinte Elmer und griff nach der Teekanne.

»Eher Zufall. Von einer bestimmten Uhrzeit war ja nicht die Rede.«

»Mögen Sie überhaupt Tee oder soll ich Ihnen rasch einen Kaffee machen?«, fragte Ciara. »Ich habe allerdings nur Instantpulver.«

»Nein, danke. Seit ich hier lebe, teste ich alle möglichen Teesorten. Kaffee brauche ich nur zum Frühstück. Die Scones sind wunderbar. So locker bekomme ich sie nie hin. Geheimrezept?«

»Sie haben ja noch gar nicht probiert. Vielleicht sehen sie nur gut aus, schmecken aber nicht. Ich müsste echt überlegen, was ich alles zusammenrühre. Jedenfalls liebt Elmer meine Kuchen, wie man sehen kann.« Ciara bedachte ihn mit einem liebevollen Blick, den er genauso innig erwiderte, während er die zuvor mit Butter bestrichenen, mundgerechten Stücke des Gebäcks auf die Teller seiner Kinder legte, auf denen Ciara schon einen Klecks Marmelade platziert hatte.

Das Tischgespräch drehte sich mehr um Elmers Schwester Aoife, der sie Marens Besuch verdankten, und wie sie ausgerechnet auf ›The Ferns‹ gekommen war, als um ein mögliches Jobangebot. Maren strich ›Vorstellungsgespräch‹ als Grund ihres Hierseins und fühlte sich einfach nur wohl in der familiären Atmosphäre. Elmer erinnerte sie an einen gutmütigen Bären und Ciara an ein gar nicht scheues Reh. Dazu die lebhafte Polly, die kein Blatt vor den Mund nahm und der anfangs eher schüchterne Finn, der irgendwann auf die Bank krabbelte und sich an sie schmiegte. Wobei er ihren Blusenärmel mit ein paar Marmeladenflecken verzierte.

»Oh je, ich habe offenbar meine Kinder überhaupt nicht im Griff.« Ciara sprang auf und holte einen feuchten Lappen, der zwar bei Finns Händen seinen Zweck erfüllte, den Fleck auf Marens Bluse allerdings nur vergrößerte.

»Lass gut sein, das stört mich nicht. Wozu wurden Waschmaschinen erfunden?« Maren knöpfte die Manschetten auf und schlug sie drei Mal um. »So, nichts mehr zu sehen.«

»Da bekommt ›Umlagenmanagement‹ plötzlich eine ganz neue Bedeutung«, meinte Elmer verschmitzt. »Oder nennt man das in Bankkreisen ›versteckte Anlagen‹?«

»Eher Risikoverteilung oder Verschleierung von Mängeln zur Profitoptimierung an der Börse. Oft hart an der Grenze der Legalität.«

»Vermisst du deine Arbeit?«, fragte Ciara. »Macht das Jonglieren mit dem Geld anderer Leute eigentlich Spaß?«

»Irgendwann vergisst du, dass es um echtes Geld geht. Es sind nur Zahlen und Diagramme. Könnten genauso gut Fieberkurven sein. Ich mochte vor allem die Gespräche mit Kunden und das Entwickeln von individuellen Konzepten, sowohl zur Gewinnmaximierung als auch zum Abbau von Schulden. Ich hatte aber bereits gekündigt, um im Architekturbüro meines Mannes und seiner Partner mitzuarbeiten. Victor hat die Pläne für ›The Ferns‹ ausgearbeitet, und vielleicht habe ich gehofft, einen Teil von ihm zurückzubekommen, wenn ich unseren gemeinsamen Traum mit Leben fülle. Entschuldigt bitte.« Ihre Stimme versagte und sie kramte hektisch in ihrer Handtasche, hoffte, Taschentücher darin zu finden.

»Hast du Aua?«, fragte Finn, was dazu führte, dass ihre Tränen noch heftiger flossen.

Oh ja, es tat verdammt weh – immer noch. Warum ausgerechnet jetzt, wo sich das Gespräch gerade in die Richtung entwickelte, wegen der sie eigentlich gekommen war? Der Zeitpunkt hätte nicht ungünstiger sein können. Jetzt konnte sie das Ganze bestimmt vergessen.

»Nimm das.« Elmer stellte ein Glas vor sie auf den Tisch. »Du brauchst jetzt etwas Stärkeres als Tee.« Er drückte Ciara seinen Sohn in die Arme und setzte sich neben Maren auf die Bank, berührte sie aber nicht, wofür sie ihm dankbar war.

»Aoife und ich hatten eine Schwester«, begann er im Plauderton. »Aisling war zwölf Jahre jünger als ich und gerade so alt wie Polly, als sie an einer Blutvergiftung starb, die der Arzt nicht rechtzeitig erkannt hatte. Ich habe oft eine Scheißangst, weil meine Kleine so ein wildes Kind ist und ständig mit aufgeschürften Knien nach Hause kommt. Was ich kaum mitkriege, weil ich die meiste Zeit unterwegs bin.« Er griff nach seinem Glas und stieß damit leicht an ihres. »Trinken wir auf unsere Liebsten, die Anwesenden und die Abwesenden. Und auf das Leben, das es trotz allem gut mit uns meint.«

Maren trank fast nie etwas Stärkeres als Wein, nippte aber folgsam an dem Glas. Der Whiskey brannte in ihrer Kehle, aber er löste tatsächlich den Kloß, der sich darin gebildet hatte.

»Danke, Elmer. Es tut mir leid. Ich sollte jetzt besser gehen.«

»Das Gegenteil solltest du tun. Und entschuldige dich nicht dafür, dass du eine Frau bist, die ihren Mann geliebt hat und ihn vermisst. Der wahre Fehler wäre, deine Gefühle zu verstecken. Vor allem vor dir selbst.«

Tat sie das? Vielleicht. Cousine Ingrid hatte ihr an Weihnachten einen Plan in die Hand gedrückt: Fünf Phasen der Trauerbewältigung. Den hatte sie umgehend weggeworfen. Sie war nicht bereit, ›das Kapitel abzuschließen‹, wie Ingrid es genannt hatte.

Seit sie in ›The Ferns‹ lebte, verdrängte sie den Schmerz eher, statt sich damit auseinanderzusetzen.

Ciara und Elmer versteckten ihre Gefühle füreinander jedenfalls nicht. Sie zeigten sich in Blicken, kleinen Gesten, liebevollen Neckereien, nicht zuletzt im Umgang mit ihren Kindern. Als es Zeit für sie war, ins Bett zu gehen, klemmte Elmer sich beide unter die Arme, während Ciara bei Maren sitzenblieb.

»Du sagst jetzt nicht schon wieder, dass du gehen willst«, kam Ciara ihr zuvor, als sie Luft holte, um genau das zu sagen. »Wenn Elmer zu Hause ist, was während der Saison selten genug vorkommt, bringt er Polly und Finn immer ins Bett und erzählt ihnen eine Gutenachtgeschichte. Immer eine andere, schließlich hat er genug Gelegenheit, sich welche auszudenken, wenn er unterwegs ist. Ich muss da auf Bücher zurückgreifen – nicht nur auf Kinderbücher. Ich lese eine Menge, seit wir verheiratet sind.«

»Wie lange seid ihr es schon?«, fragte Maren.

»Seit neun Jahren. Polly hat sich Zeit gelassen, obwohl Elmer öfter zu Hause war, als er noch Linienbus fuhr. Hauptsächlich Galway-Limerick-Cork. Er kam in der Mittagspause immer zum English Market, wo ich manchmal gearbeitet habe. Ist nur eine halbe Meile vom Busbahnhof Cork entfernt und sein Lieblingsimbiss lag genau gegenüber von unserem Stand. Elmer ist kaum zu übersehen, nicht wahr?« Sie lächelte verträumt.

»Du anscheinend auch nicht, was offensichtlich an etwas anderem als Körpergröße und roten Haaren liegen muss.«

»Auch Gärtnerinnen plagt irgendwann der Hunger«, meinte Ciara schelmisch. »Und sie ernähren sich nicht ausschließlich von dem Grünzeug, das sie anpflanzen und verkaufen.«

»Du bist Gärtnerin?«

Ciara nickte. »Meinem Vater gehört McLeary's Nursery in Clonakilty. Die sollte eigentlich an meinen Bruder Sean übergehen, aber das ist eine andere Geschichte.«

»Der Bruder, der jetzt mit deinem Mann Doyle & McLeary Bustours betreibt?«, fragte Maren, die sich erinnerte, dass Aoife und Moira diesen Namen erwähnt hatten.

»Ich habe nur den einen und der ist anstrengend genug.« Ciara lachte. »Nun, nicht wirklich, aber ich möchte jetzt nicht näher darauf eingehen.«

»Schon gut, du musst nicht deine ganze Familiengeschichte vor mir ausbreiten, wir haben uns schließlich gerade erst kennengelernt. Victor und ich sind uns vor elf Jahren in einem Kino begegnet. Wir hatten beide Karten für denselben Platz. Irgendein Fehler im Reservierungssystem. War nicht schlimm, es gab genug freie Plätze. Hinterher sind wir etwas trinken gegangen und Nina, die Freundin, mit der ich dort war, hat sich ziemlich schnell abgesetzt, obwohl sie es war, die Victor gebeten hat, uns zu begleiten. Sie sagte später, sie hätte sich fast an den Funken verbrannt, die zwischen Victor und mir hin und her flogen. Ein halbes Jahr später haben wir geheiratet.«

Anders als zuvor blieben bei diesen Erinnerungen ihre Augen trocken. War schon komisch, dass manchmal allein der Gedanke an Victor sie in tiefe Verzweiflung stürzte und es sie ein anderes Mal tröstete, von ihm zu sprechen.

»Wie hieß der Film?«, fragte Ciara.

Maren lachte. »Darüber sind wir uns nie einig geworden. Ich war überzeugt, es sei ›Da Vinci Code‹ gewesen und Victor bestand auf ›Das Leben der Anderen‹. Gesehen haben wir in unserem ersten Monat jedenfalls beide. Irgendwann haben wir einfach ›Das andere Sakrileg‹ gesagt.« Dann musste sie Ciara erklären, worum es in dem Film mit Ulrich Mühe ging, weil sie nur den mit Tom Hanks kannte.

Schließlich gesellte Elmer sich wieder zu ihnen, köpfte eine Flasche Wein und sie sprachen letztendlich doch noch darüber, was Maren zum Erfolg von ›Doyle & McLeary Bustours‹ beitragen könnte.

Als Maren spät am Abend nach Hause fuhr, hatte sie nicht nur neue Freunde gefunden, sondern wider Erwarten sogar einen neuen Job.

Mitten in der Nacht wachte sie plötzlich auf. Es war stockfinster und nicht das kleinste Geräusch war zu hören. Panisch streckte sie den Arm aus, doch ihre Hand berührte weder einen warmen Körper noch etwas Kaltes, Kantiges.

Kein Koffer auf der anderen, der leeren Seite des Bettes wie vor fünf Monaten, als sie aus dem Schlaf geschreckt war.

Es war auch nicht kalt und doch zitterte Maren. Mit geschlossenen Augen knipste sie die Nachttischlampe an, öffnete vorsichtig ein Auge, dann das zweite. Drehte langsam ihren Kopf.

»Victor?«, flüsterte sie. Natürlich war da niemand. Victor war tot. Sie war erleichtert.

Sofort überfiel sie das schlechte Gewissen. Wie konnte sie erleichtert sein, dass Victor nicht mehr am Leben war? Vor einem halben Jahr hatte sie sich nichts mehr gewünscht, als dass die Nachricht von seinem Tod nur ein Albtraum gewesen war. Dass er jeden Moment durch die Tür treten und ›Hallo, mein Liebling‹ sagen, sie in die Arme nehmen und küssen würde. Immer wieder hatte sie davon geträumt. In den ersten Wochen in ›The Ferns‹ fast jede Nacht. Oft hatte sie sich danach in den Schlaf geweint. Irgendwann waren diese Träume seltener geworden. Auch ihre Tränen.

Jetzt flossen sie wieder. Weil sie froh war, dass es nur ein Traum gewesen war.

»Wir müssen unsere Koffer packen, Liebling«, hatte Victor gesagt und seinen auf eine Seite des Bettes gelegt. »Ich muss mich um den neuen Auftrag kümmern.«

»Ich will nicht weg«, hatte Maren trotzig geantwortet. »Alles, was ich brauche, ist hier.« Gedacht hatte sie: *Aber du solltest tot sein. Warum bist du plötzlich wieder da?*

Selbst im Traum hatte sie sich unwohl gefühlt, hatte sich gefragt, wie sie Victor erklären sollte, warum sie nicht nach Hause fahren konnten. Wie sollte sie ihm beibringen, dass sie die Wohnung im Taunus ohne sein Wissen verkauft hatte und ›The Ferns‹ ihr einziges Zuhause war?

»Noch können wir nicht für immer hierbleiben, mein Liebling«, hatte Victor gesagt, sie angelächelt und in seine Arme genommen. Das hatte sich so vertraut angefühlt. Gleichzeitig wollte sie nicht von ihm berührt werden, wünschte ihn zurück in sein Grab. Fühlte sich schuldig, weil sie sich über seine unerwartete Rückkehr nicht freuen konnte.

Warum jetzt? Warum lässt du mich monatelang glauben, du seist tot und kommst ausgerechnet dann wieder, wenn ich mir gerade ein neues Leben aufbaue – ohne dich?

Maren stand auf, ging in den Hauptraum, öffnete das Barfach der Anrichte und goss Whiskey in ein Glas, nahezu drei Finger hoch. *Wenn schon, denn schon.* Sie stellte sich ans Fenster, trank einen Schluck und schaute zu den Sternen. Natürlich musste sie sich bücken, um hinausschauen zu können. Der Himmel war nahezu wolkenlos und anders als im Rhein-Main-Gebiet störte kein künstliches Licht das Funkeln der Milchstraße.

Sie öffnete die Tür und setzte sich draußen auf die Holzbank. Nahm einen weiteren Schluck Whiskey. Dachte an die Sommernächte, in denen sie mit Victor hier gesessen und er ihr die einzelnen Sternbilder gezeigt und gesagt hatte:

»In einigen alten Legenden heißt es, dass Sterne die Seelen verstorbener Menschen sind und ihr Licht die Dunkelheit im Herzen ihrer überlebenden Liebsten vertreibt. Mein Licht wird immer für dich leuchten.«

»Was macht dich so sicher, dass du vor mir stirbst?«, hatte sie gefragt und er hatte gesagt: »Gar nichts, aber mir gefällt die Idee, dass ich selbst dann noch auf dich aufpassen kann. Oder du auf mich. Natürlich hoffe ich, dass du dir damit noch viele Jahrzehnte Zeit lässt.«

»Ich wünschte, *du* hättest dir mehr Zeit gelassen«, sagte Maren und prostete dem Stern zu, den sie sich als Sitz von Victors Seele ausgesucht hatte. »Viel mehr Zeit.«

Allmählich verblassten die Schuldgefühle wegen ihres Traumes. Nicht zuletzt, weil sie sich dran erinnerte, dass ihre Mutter ihr nach dem Krebstod ihres Vaters von ähnlichen Träumen erzählt hatte. Dass auch sie zunächst das schlechte Gewissen geplagt hatte, sie aber irgendwann zu dem Schluss gekommen war, dass es nichts weiter bedeutete, als loszulassen.

»Dein Vater kommt nicht wieder, Maren. Niemand kann in der Vergangenheit leben, weder du noch ich. Wir müssen die Gegenwart akzeptieren. Als Überlebende haben wir die verdammte Pflicht, das Beste daraus zu machen.«

Ihre Mutter war auf einem guten Weg dorthin gewesen, als sie ein halbes Jahr später morgens einfach nicht mehr aufgewacht war.

»Ich liebe dich, Victor«, sagte Maren leise, »und ich vermisse dich. Aber ich verspreche dir, auch ohne dich das Beste aus meinem Leben zu machen.«

4.

Sean

Seit vier Monaten arbeitete Maren für ›Doyle & McLeary Bustours‹. Auf Teilzeitbasis.

»Mehr können wir uns momentan nicht leisten«, hatte Elmer gesagt. Zwei Tage in der Woche fuhr sie nach Spiddal, einen davon war sie allein im Büro. Nicht, dass sich allzu viel Laufkundschaft zu ihnen verirrte, die Buchungen liefen größtenteils online. Damit beschäftigte sich Maren hauptsächlich. Zusammen mit Ciara gestaltete sie die Website neu, übersetzte die vorhandenen Texte ins Deutsche und fügte ein paar neue hinzu. Das erledigte sie hauptsächlich zu Hause und rechnete dafür einen dritten halben Tag ab, obwohl sie oft mehr Zeit dafür aufwendete. Zwischendurch fuhr sie weiterhin für Moira Gemüse aus, manchmal auf dem Weg zur Arbeit.

Und sie las viel über irische Burgen, Klöster und sonstige Monumente aus dem Angebot von Doyle & McLeary, sah sich die Fahrstrecken an und informierte sich über die Hotels, mit denen sie zusammenarbeiteten. Hier und da sah sie sich nach Alternativen um. Das hätte sie gern vor Ort getan, Konditionen ließen sich am besten von Angesicht zu Angesicht aushandeln. Als sie das Elmer gegenüber erwähnte, versprach er, sie in der kommenden Saison auf eine oder zwei Touren mitzunehmen.

»Sobald deine Kontakte zu diesen Bildungszentren und Volkshochschulen Früchte tragen, und eine rein deutsche Gruppe zusammenkommt«, sagte er, immer noch skeptisch über ihren Vorschlag. Bisher waren sie nur mit einer Handvoll Reiseveranstaltern vernetzt gewesen, irischen, englischen und ein paar deutschen. Auch hier hatte Maren ihre Präsenz in den Suchmaschinen erhöht.

»Viele Leute suchen sich lieber selbst etwas aus, statt in ein Reisebüro zu gehen«, sagte sie, »also müssen wir dafür sorgen, dass sie unsere Website finden und ›auf Wunsch mit deutscher Reiseleitung‹ anbieten. Ja, ich weiß, das ist etwas hochgegriffen und eigennützig dazu. Natürlich kann ich nicht alleine mit einem Bus durch die Gegend fahren, aber wann immer du glaubst, dass du es dir leisten kannst, eine Übersetzerin mitzunehmen, stehe ich zur Verfügung.« Sie schmunzelte. »Wir würden selbstverständlich beim Reisepreis einen Aufschlag dafür ansetzen.«

Elmer lachte. »Da kommt wieder die Anlageberaterin in dir durch.«

»Na und? Solange es sich auszahlt …«

Elmer achtete darauf, dass er zwischen zwei Touren mindestens drei, manchmal vier Tage mit seiner Familie verbringen konnte, und nun auch ein paar Stunden mit Maren. Dabei sprachen sie nicht nur über geschäftliche Themen, sondern auch darüber, wie er seinen Gästen das irische Kulturerbe nahebrachte. Egal, ob Geschichte, Politik, Musik oder Landschaften, er war ein wandelndes Lexikon.

Manchmal rezitierte er Gedichte von William Butler Yeats. ›Cloths of Heaven‹, zum Beispiel, das umgehend zu Marens Lieblingsgedicht wurde. Während einer ihrer monatlichen Shoppingtouren nach Galway, bei denen sie sich auch mit Aoife auf einen Kaffee traf, entdeckte sie ein Poster davon. Sie kaufte sich einen passenden Rahmen und hängte es über ihren Kamin. »Ich habe meine Träume unter deinen Füßen ausgebreitet; tritt sanft auf, denn du trittst auf meine Träume« war das Poetischste, das sie jemals gehört hatte.

Wen sie allerdings in den vier Monaten noch nie getroffen hatte, war Ciaras Bruder Sean McLeary.

»Ich würde ihn glatt für ein Phantom halten, wenn nicht seine Spesenabrechnungen in schöner Regelmäßigkeit hier einträfen«, sagte sie zu Ciara, als sie eines Morgens gemeinsam im Büro saßen und ebendiese sortierten.

»Sean ist nicht der sesshafte Typ, sehr zum Leidwesen unserer Eltern. Er war ein paar Jahre in den Opalminen Australiens. Seine Ausbeute hat gerade eben gereicht, um mit Elmer die ›Bustours‹ zu gründen.« Ciara stand auf, füllte den Wasserkocher und schaltete ihn ein. Sie nahm zwei Beutel Kräutertee aus einer Blechdose, ließ sie in zwei große Tassen fallen, drehte sich dann zu Maren um und sprach weiter:

»Er fährt gern drei oder vier Touren hintereinander: Nordirland, rund um Dublin, beziehungsweise zwischen Wexford und Waterford. Uns beehrt er höchstens jeden zweiten Monat mit seiner Anwesenheit. Seine letzte Stippvisite hast du knapp verpasst. Irgendwann wirst du ihn schon kennenlernen. Vielleicht sollte ich dich warnen, Sean genießt einen gewissen Ruf bei Frauen, er sammelt sie wie ein Tinker Altmetall. Genauso erfolgreich widersteht er jedem Versuch, sich von einer seiner Eroberungen einfangen zu lassen.«

Maren winkte ab. »Keine Sorge, ich habe mein Lasso an den Nagel gehängt.« Sie rührte zwei Löffel Zucker in die dampfende Teetasse, die Ciara ihr auf den Schreibtisch stellte und fragte: »Ist ›Tinker‹ nicht eine Beleidigung? Ich dachte, ›Traveller‹ wäre die politisch korrekte Bezeichnung für das fahrende Volk.«

»Ist sie. Ich sollte mir sofort den Mund mit Seife auswaschen.«

Maren lachte und ordnete die Zettel, auf denen Elmer eine Tour durch Sligo skizziert hatte, die er im nächsten Jahr ins Programm nehmen wollte. Titel: Yeats County – Poesie und Natur. Daran würde sie gern teilnehmen, oder an der Connemara-Tour, bei der unter anderem Achill Island und Heinrich Böll auf dem Programm standen. Die hatte sie als erste bei verschiedenen deutschen Volkshochschulen angeboten und einige hatten bereits Interesse bekundet.

Mittlerweile war der Tee soweit abgekühlt, dass keine Gefahr mehr bestand, sich die Zunge zu verbrennen, und Ciara ging in die Küche, um das Mittagessen vorzubereiten.

Es hatte sich eingebürgert, dass Maren nach Feierabend zum Essen blieb. Meistens nur mit Ciara und den Kindern, manchmal auch, wenn Elmer zu Hause war.

»Wenn du mir schon genügend Zeit zum Kochen richtiger Mahlzeiten verschaffst, sollst du auch etwas davon haben«, hatte Ciara gesagt. »Einzige Bedingung: Es wird nicht über die Arbeit gesprochen.«

»Aber ich käme doch nie auf die Idee, diese Stunden als Arbeitszeit anzurechnen«, hatte Maren scherzhaft geantwortet. Es fiel ihnen leicht, genügend andere Themen zu finden.

Genauso selbstverständlich überließ Ciara ihre Kinder Marens Aufsicht, wenn der Wocheneinkauf fällig war oder sie eine Freundin besuchen wollte. Oft kam Finn zu ihr ins Büro, schmuste ein wenig, sagte: »Hab dich lieb«, und spielte dann in einer Ecke mit seinen Bauklötzen. Polly brauchte mehr Aufmerksamkeit. Sie plapperte ohne Punkt und Komma oder ›sortierte‹ die Ablagekörbchen, bis sie alles gründlich durcheinandergebracht hatte. Manchmal holte Maren Polly von der Schule und Finn vom Kindergarten ab, wenn eines von Ciaras Kochrezepten durchgängige Aufmerksamkeit erforderte.

Unterdessen befasste sich Maren mit der Nordirland-Tour. Diese erfüllte wegen der politischen Hintergründe der ›Troubles‹ und des Karfreitagsabkommens von 1998 alle Kriterien, um in Deutschland als Bildungsurlaub anerkannt zu werden. Dass auch der Giants Causeway und das Titanic-Center in Belfast auf dem Programm standen, war kein Hinderungsgrund. Das eine war schließlich UNESCO-Welterbestätte und bei dem anderen stand nicht der rührselige

Kinofilm im Vordergrund, sondern die Schiffbauindustrie des 19. und 20. Jahrhunderts. Bevor sie den verschiedenen Bundesländern ein offizielles Angebot unterbreiten konnte, müsste sie allerdings mit Sean sprechen. Immerhin war das sein bevorzugtes Revier.

Sie schrieb ein entsprechendes Memo und schickte es ihm per E-Mail. Nahm sich vor, eine interne Kommunikationsbox auf der Website einzurichten, auf die nur Elmer, Sean, Ciara und sie Zugriff hatten.

Der September neigte sich dem Ende zu, ohne dass Sean auf ihre E-Mail reagiert hatte. Die automatische ›gelesen‹-Meldung war alles, was sie von ihm erhielt.

Diese Woche hütete sie allein das Büro; Ciara war mit den Kindern zu ihren Eltern nach Clonakilty gefahren und würde dort Elmer treffen, der zwischen zwei Cork-Touren nur einen Tag frei hatte. Da lohnte es sich nicht, nach Spiddal zu fahren.

»Wir legen das absichtlich ein oder zwei Mal im Jahr so eng«, hatte Ciara gesagt. »Dann können Polly und Finn Zeit mit ihren Großeltern verbringen, während ich ein paar alte Freunde treffe. Bei der Gelegenheit sehen meine Eltern dann auch mal ihren Schwiegersohn und die lieben Kleinen ihren Papa, ohne dass er quer durchs Land fahren muss. Normalerweise schließen wir in der Woche das Büro, aber jetzt haben wir ja dich. Kannst du Montag, Mittwoch und Freitag? Nur während der Öffnungszeiten.«

»Ich könnte auch jeden Tag.«

»Bring uns nicht ins Armenhaus, drei Tage reichen völlig. Die Saison ist bald zu Ende, da tut sich nicht mehr viel.«

Maren sortierte gerade Prospekte in die Regale an der hinteren Wand, als die Tür schwungvoll aufgerissen wurde. Herein stürmte ein hagerer junger Mann mit verstrubbelten schwarzen Haaren und Augen wie poliertes Mahagoni. Die Atmosphäre im Raum schien sich um ihn herum zu verdichten, machte alles andere bedeutungslos, sie selbst eingeschlossen.

Sie brachte gerade eben ein »Guten Tag, was kann ich für Sie tun« heraus und wünschte, sie hätte ausgiebiger gefrühstückt. Warum sonst war ihr plötzlich so flau im Magen? Und warum sah er sie an, als hätte sie einen Rußfleck auf der Nase?

»Schau an, das Fräuleinwunder, das mir mit deutscher Gründlichkeit vorschreiben will, wie ich meine Touren zu fahren habe«, sagte er spöttisch. »Wird allmählich Zeit, dass wir uns über den Weg laufen.«

Das war Ciaras legendärer Bruder Sean, der Frauenschwarm? Schwer nachvollziehbar, außer, man stand auf Machos. Definitiv nicht ihr Fall.

»An mir liegt das nicht, Mister McLeary, Boss«, konterte sie ebenso schnippisch.

Sein Grinsen entblößte ein fast makelloses Gebiss, nur der linke Schneidezahn stand ein wenig schief. Lässig ließ er sich auf einem der Stühle vor ihrem Schreibtisch nieder. Hinsetzen war eine gute Idee, fand Maren. Und die Tischplatte zwischen ihnen auch. Am besten ergriff sie gleich die Initiative, bevor er weitere spitze Bemerkungen machen konnte. *Immer höflich bleiben, Maren,* ermahnte sie sich. *Lass dich nicht provozieren.*

»Was verschafft mir die Ehre Ihrer allzu seltenen Anwesenheit, Mister McLeary?«, fragte sie und fixierte einen Punkt knapp neben seinem linken Ohr. »Wollten Sie lieber persönlich über meinen Nordirland-Vorschlag diskutieren, statt nur auf meine E-Mail zu antworten?«

»Ich wollte den neuen Besen kennenlernen, der hier so viel Staub aufwirbelt und den mein Schwager über den grünen Klee lobt. Wo ist eigentlich mein Schwesterherz?«

Beschränke dich auf sachliche Informationen. Erstes Semester, Grundregeln.

»In Clonakilty, bei Ihren Eltern.«

»Ach richtig, Familienwoche. Wie immer ohne das schwarze Schaf.« Er deutete mit dem Daumen auf seine Brust. »Bekomme ich trotzdem einen Kaffee, Maureen?« Er schaute zur Kaffeemaschine mit der halb vollen Kanne, die auf dem Sideboard stand. »Die ist auch neu.«

»Maren«, sagte sie, stand auf und nahm eine Tasse aus dem Schrank.

»Wie bitte?«, fragte er verwirrt.

»Ich heiße Maren, nicht Maureen.«

»Hab mich schon gewundert, aber selbst eine Deutsche kann englische Vorfahren haben. Andersherum sind die Windsors aus lauter Angst vor Katholiken ab 1714 bis hin zu Prinz Philip immer deutscher geworden.«

»Das Verhältnis von Katholiken und Protestanten in Deutschland hält sich in etwa die Waage, jeweils knapp ein Drittel. Soweit ich weiß, ist mein Stammbaum rein deutsch, ohne einen Tropfen blaues Blut. Disqualifiziert mich das?«

»Keineswegs. Mit Zahlen kennen Sie sich offensichtlich aus, nicht nur bei Finanzen. Ihr Englisch ist perfekt, fast akzentfrei.«

»Liegt wohl am Auslandssemester in Oxford.« Maren wurde leicht schwindelig. Wie mühelos Sean von Sarkasmus zu Komplimenten wechselte! Und alles im selben Tonfall. Der war ... huh, nicht herablassend, aber auch nicht freundlich.

»Milch? Zucker?«, fragte sie, ohne ihn anzusehen.

»Weder noch. Ich bevorzuge das Unverfälschte, in jeder Beziehung.«

Was sollte das jetzt wieder heißen? Der flirtete doch wohl nicht! Das hätte ihr gerade noch gefehlt. Sie stellte die Tasse vor ihn auf den Schreibtisch, griff nach ihrer eigenen und trank einen Schluck. Bäh, nur noch lauwarm.

»Nun, Mister McLeary, haben Sie mir außer schnippischen Bemerkungen sonst noch etwas mitgebracht? Ihre Spesenabrechnung vielleicht oder eine Antwort auf die Frage, ob wir eine Anerkennung als Veranstalter von Bildungsurlaub beantragen sollen? Das entsprechende Memo haben Sie ja wohl gelesen.«

»Behördenkauderwelsch ist vielleicht Ihre Welt, meine ganz sicher nicht. Warum schreiben Sie nicht einfach Ihrem

Präsidenten – ach nein, Sie haben ja eine Kanzlerin – einen Brief und stellen auch gleich einen Terminplan für die nächste Saison auf?«

Sie lehnte sich in ihrem Stuhl zurück, ein wenig mehr Abstand konnte nicht schaden.

»Deutschland hat sehr wohl auch einen Präsidenten, aber erstens ist das Länder- und nicht Bundesangelegenheit, zweitens brauche ich dazu eine Vollmacht von Elmer *und* Ihnen, Mister McLeary, und drittens käme das Programm erst in der übernächsten Saison zum Tragen. Das Verfahren dauert mindestens drei Monate und bis dahin steht das Bildungsangebot für nächstes Jahr längst fest.«

»Dafür, dass Sie noch in der Probezeit sind, planen Sie ganz schön langfristig.«

»Meine Probezeit war schon letzten Monat vorbei, Mister McLeary.«

Er stellte seine Tasse ab, beugte sich vor und stützte die Ellbogen auf, verschränkte die Hände unter seinem Kinn, ohne es zu berühren. *Danke, das war's dann mit dem Abstand.* Maren widerstand der Versuchung, mit dem Stuhl zurückzurollen.

»Meinen Sie, Sie könnten sich dazu durchringen, mich Sean zu nennen? Bei ›Mister McLeary‹ habe ich ständig meinen Vater vor Augen. Verbessert meine Stimmung nicht gerade. Also würden Sie sich selbst einen Gefallen tun, wenn schon nicht mir. Ich werde Sie jedoch weiterhin Maureen nennen, das passt viel besser zu Ihnen. Es klingt weicher, nachgiebiger, und vielleicht färbt es ja ab.«

»Nennen Sie mich, wie immer es Ihnen beliebt, Sean McLeary. Wenn Sie sonst keine Wünsche haben, würde ich jetzt gern wieder etwas Sinnvolleres tun.« *Geh mir um Himmels Willen aus den Augen, bevor ich meine Manieren vergesse! Warum ignoriere ich ihn nicht einfach?*

»Es liegt mir fern, Sie daran zu hindern, sich das Taschengeld, das wir Ihnen zahlen, mit unermüdlichem Einsatz zu verdienen. Ihnen ist schon klar, dass die Kosten-Nutzen-Bilanz zugunsten von Doyle & McLeary ausfällt, nicht wahr? Als ehemalige Top-Anlageberaterin eines führenden deutschen Bankhauses sollten Sie das jedenfalls wissen. Haben Sie noch einen schönen Tag, Maureen Lang.«

Natürlich sagte er Läng, nicht Lang – was sonst.

»Schnösel«, murmelte Maren, nachdem sich die Tür hinter Sean geschlossen hatte. Gleichzeitig schien die Raumtemperatur um einige Grade zu fallen.

So hatte er sich die kleine Witwe nicht vorgestellt. Effizient, sachlich, erfolgsorientiert – deutsch eben. Vom Aussehen her eher praktisch und schnörkellos als verspielt oder gar verführerisch. Ersteres traf den Nagel auf den Kopf. Was den Rest betraf, dachte er eher an ein Pfirsichtörtchen. War sie hart und fruchtig herb oder doch weich, süß und saftig? Jedenfalls hatte sie Haare auf den Zähnen. Was ihm durchaus gefiel. Auch, wie sie auf seine vagen Anspielungen reagiert hatte.

Nun, er hatte sich kaum Mühe gegeben, nur ein bisschen auf den Busch geklopft, wie er es automatisch in der Gegenwart von Frauen tat. Lagen sie ihm erst zu Füßen, was normalerweise nicht lange dauerte, verlor er schnell das Interesse. Was nicht bedeutete, dass diese Schattenelfe mit den dezent aufblitzenden goldenen Lichtern im brünetten Lockenkopf und der weich fallenden, cremefarbenen Blümchenbluse über der eng sitzenden Jeans es in ihm geweckt hätte.

Waren das Vergissmeinnicht oder Veilchen? Es war unmöglich, in einer Gärtnerei aufzuwachsen und die feinen Unterschiede nicht zu kennen. Obwohl er heilfroh war, McLeary's Nursery entflohen zu sein, hatten ihm einige der dort widerwillig erworbenen Kenntnisse schon bei mehr als einer Frau Vorteile verschafft.

Leider war er ihr nicht nahe genug gekommen. Jedenfalls passte die Farbe zu ihren Augen. Die nicht violett waren.

Apropos Augen: Vielleicht sollte er sie im Blick behalten, als kleine Herausforderung. In der kommenden Saison hin und wieder mit Elmer die Touren tauschen. West- gegen Ostküste, inklusive der kleinen Pausen dazwischen. Oder sie für die Nordirland-Tour als Übersetzerin verpflichten. Es kamen auch ohne diese Bildungsgeschichte genug rein deutsche Gruppen zustande. Zwar hatten die meisten einen Dolmetscher dabei, aber vielleicht genügte ein entsprechender Hinweis an das Reisebüro.

Sean pfiff leise vor sich hin, als er seine Lederjacke aus dem Bus holte und die Hauptstraße hinunterging. Es bedurfte sicher keiner allzu großen Anstrengung, seine alte Flamme Grace zu einem Pubbesuch zu überreden, gern mit anschließender Bettgymnastik. Nur, um nicht aus der Übung zu kommen. Oder Caitlin, unter deren spröder Oberfläche ein Vulkan schlummerte.

Vielleicht brauchte er bei Maureen etwas mehr als ein kleines Streichholz, was eine willkommene Abwechslung in den kommenden Wintermonaten wäre. Natürlich durfte er sich ihr nicht als Chef nähern, das könnte zu unliebsamen Komplikationen führen. Auf privater Ebene jedoch …

5.

Bürostunden

An ihrem nächsten Arbeitstag fand Maren die von Sean unterschriebene Vollmacht auf ihrem Schreibtisch. Er selbst war bereits wieder unterwegs nach Wexford, beziehungsweise Rosslare, um eine neue Gruppe in Empfang zu nehmen, die mit der Fähre aus Fishguard in Wales kam. Von dort aus würde er über New Ross, wo man das Dunbrody Famine Ship besichtigen konnte, nach Waterford fahren.

Maren war selbst schon in der dortigen Kristallmanufaktur gewesen. Victor hatte ihr einen Briefbeschwerer geschenkt, in dem verschieden große Luftblasen schwebten. Eigentlich durch einen Fehler des Glasbläsers entstanden, bildeten sie ein zauberhaftes, filigranes Muster.

Die zehntägige Tour durch den Südwesten führte über Kilkenny und das Nationalgestüt bis nach Dublin und von dort südwärts die Küste entlang mit Stopps in Bray, Powerscourt, Glendalough und Avondale House. Sie beinhaltete auch einen Besuch im National Heritage Park samt Bogenschießen, sowie am Curracloe Beach, den Steven Spielberg als Schauplatz für die Landung der Alliierten in der Normandie in dem Film »Der Soldat James Ryan« ausgewählt hatte. Also eine bunte Mischung aus Geschichte, Kultur und Freizeitaktivitäten. Manchmal war Dublin der Start- und Zielort, oder die Tour fand (je nach Auslastung der Hotels) entgegen dem Uhrzeigersinn statt. Die würde sie auch gern einmal mitmachen – aber ganz bestimmt nicht mit Sean McLeary.

Maren hörte Ciara im Flur mit Schlüsseln klappern, dann stand sie auch schon im Türrahmen und sagte: »Ich geh mal eine Lammkeule kaufen. Heute gibt es Irish Stew, das muss eine ganze Weile vor sich hin kochen. Danke nochmal für das Gemüse, das du von Moira mitgebracht hast.«

»Immer wieder gern.« Maren wedelte mit der Vollmacht. »Hast du Sean überredet, seine Zustimmung zu geben?«

»Klar. Ich hab gesagt, er soll sich nicht so anstellen. Fragen kostet nichts und wenn nichts draus wird, machen wir einfach weiter wie bisher. Wann wolltest du mir erzählen, dass du meinen Bruder getroffen hast?«

»Er hat eher mich getroffen als ich ihn. Aber ich habe mir nichts anmerken lassen.«

Jetzt kam Ciara doch herein und setzte sich neben Maren auf die Schreibtischkante. »Hat er sich daneben benommen? Dann zieh ich ihm das Fell über die Ohren.«

Maren berichtete ihr kurz von Seans Auftritt, dass sie sich überfahren gefühlt hatte, und hoffte, er hätte es nicht bemerkt. »Bist du sicher, dass Sean dein Bruder ist? Er ist das genaue Gegenteil von dir. Vielleicht wurde er ja in der Klinik vertauscht.«

Ciara lachte. »Keine Chance. Wir haben sogar dasselbe Muttermal auf dem Po. Sean ist ein bisschen gewöhnungsbedürftig, aber das meiste ist Fassade. Das wirst du schon noch merken, wenn du ihn erst näher kennenlernst.«

»Ehrlich gesagt, steht das ganz weit unten auf meiner Prioritätenliste«, wehrte Maren ab. »Ich schreib erst mal ein paar Ministerien an. Vier sollten für den Anfang genügen. Ich dachte an Niedersachsen, Nordrhein-Westfalen, Hessen und Baden-Württemberg, also quasi die goldene Mitte von Nord nach Süd.«

»Tut mir leid, damit kann ich nichts anfangen. Du musst schon allein entscheiden, was Sinn macht. Da vertraue ich dir voll und ganz.«

»Flächenmäßig ist das fast die Hälfte der Bundesrepublik«, erklärte Maren trotzdem. »Dazu mit den höchsten Einwohnerzahlen und den niedrigsten Arbeitslosenquoten. Schließlich können nur Arbeitnehmer Bildungsurlaub beantragen. Aber wenn denen die Tour gefällt, interessieren sie sich vielleicht auch für ein anderes unserer Angebote.«

»Mich musst du nicht überzeugen, mach einfach. Übrigens ist Sean bei seinen Gästen sehr beliebt, bis jetzt hat sich noch niemand über ihn beschwert.«

»Ich beschwere mich ja nicht. Ich möchte nur nicht mit ihm in einer einsamen Berghütte eingeschneit sein.«

»Es schneit nur sehr selten in Irland. Und es gibt auch keine Berghütten.« Ciara sah Maren nachdenklich an. »Ich muss jetzt wirklich los, wir reden später weiter.«

Maren nickte und vertiefte sich in den Entwurf ihres Angebotsbriefes, änderte hier und da ein paar Details, je nach den unterschiedlichen Gesetzen der einzelnen Bundesländer. Hessen war etwas kompliziert: Hier gab es sogenannte ›Einheitliche Ansprechpartner‹, kurz ›EAH‹, die für die Koordination zwischen Verwaltung und Dienstleister zuständig waren. Diese saßen aber nicht in Wiesbaden, sondern in den Regierungspräsidien von Kassel, Gießen und Darmstadt. Dort sollte auch der Sitz des Antragstellers liegen. Was hier eindeutig nicht der Fall war. Maren schrieb vorsorglich sowohl das Ministerium als auch den EAH in Gießen an, die goldene Mitte eben.

Da alle Anträge online eingereicht werden sollten, erledigte sie auch das gleich und druckte die Schriftstücke lediglich für ihre eigene Ablage aus. Jetzt hieß es erst einmal abwarten.

Leander Berger hielt sich für einen Mann von Welt, und er hatte schon einiges davon gesehen. Er liebte es, neue Länder zu entdecken, auch wenn seine Reisen nicht immer ganz reibungslos verliefen. Mal war er zur falschen Zeit im richtigen Hotel oder umgekehrt, einmal hatte er vergessen, Socken einzupacken, ein anderes Mal die Kombination des Zahlenschlosses an seinem neuen Koffer. Er nahm es mit Humor und nannte es Abenteuerurlaub.

Auf der letzten Reise war ihm seine Freundin abhandengekommen. An einem thailändischen Strand, den zu finden er sich große Mühe gegeben hatte. Ihr Verlust war das einzige Missgeschick, das er nicht seiner eigenen Schusseligkeit anlasten musste. Sie hatte behauptet, sie hätte ihre wahre Bestimmung gefunden (wohl eher den dunkelhäutigen Thai, der ihr wie ein Schatten gefolgt war, was ihm erst jetzt auffiel), ihm alles Gute für seine Zukunft gewünscht und war einfach dortgeblieben.

Dabei hatte er ganz andere Zukunftspläne gehabt. Dazu gehörte ein kleines Häuschen am Rheinufer, auf das er schon eine Anzahlung geleistet hatte, und in absehbarer Zeit zwei oder drei Kinder. Das Häuschen wäre seine Überraschung nach der Rückkehr aus dem Urlaub gewesen und natürlich der damit verbundene Heiratsantrag.

Vielleicht konnte er das Kaufangebot rückgängig machen. Als Junggeselle genügte ihm sein Ein-Zimmer-Appartement in Schierstein völlig. Wie er in seinem Kalender entdeckte, hatte er an seinem ersten Arbeitstag gleich nach Feierabend einen Termin beim Notar. Ursprünglich dafür vorgesehen, gemeinsam mit seiner Freundin den endgültigen Vertrag zu unterschreiben. Wo sie wohl jetzt wohnte? In einer Bambushütte ohne Strom und fließendes Wasser? Geschähe der Sauberkeitsfanatikerin nur recht.

Am übernächsten Tag hatte Leander seine düsteren Gedanken beiseite gewischt und widmete sich im Büro den Anfragen, die sich in den letzten drei Wochen in seinem E-Mail-Postfach angesammelt hatten. So schusselig er im Privatleben war, bei seinen Kollegen im hessischen Ministerium für Soziales und Integration, kurz MSI, galt er als Erbsenzähler. Er selbst hätte sich als akkurat bezeichnet, seine

Entscheidungen als gesetzeskonform. ›Unanfechtbar‹ hieß das Zauberwort, das an fünf Tagen in der Woche für jeweils acht Stunden sein Dasein beherrschte.

Irgendwann nach der Mittagspause stieß er auf einen Antrag von Doyle & McLeary Bustours aus Spiddal, County Galway, Irland. Er mochte zwar die irischen Schriftsteller, William Butler Yeats, James Joyce und Oscar Wilde, war aber noch nie dort gewesen, viel zu kalt und zu nass. Wenigstens verfügte diese Maren Lang über ausgezeichnete Deutschkenntnisse, wie er beim Lesen feststellte.

Aber was sollte er damit? Solche Anträge waren doch Sache des … Da entdeckte er den Vermerk »Kopie an EAH Gießen«. Diese Irin schien sich im Vorfeld mit den üblichen Verfahren vertraut gemacht zu haben, zitierte sogar die entsprechenden Paragraphen. Er verschob die Mail in seinen elektronischen Wiedervorlageordner und sichtete zunächst die noch ungelesenen in seinem Eingangspostfach. Unter denen sich auch eine erst gestern weitergeleitete vom RP Gießen befand, samt einer Empfehlung, das Nordirlandthema im Allgemeinen zu prüfen und gegebenenfalls Doyle & McLeary in die engere Auswahl für künftige Seminare aufzunehmen.

Momentan gab es Wichtigeres, außerdem blieb ihm bis zum Feierabend nur noch eine halbe Stunde. Also versah er die Mail aus Gießen mit einer Erinnerung nach vierzehn Tagen, fuhr seinen Computer herunter und machte sich auf den Weg zum Notar.

Der Oktober ging in den November über und Elmer kam von der Ostküste zurück. Die letzte Tour der Saison, bei der er sich mit Sean abwechselte. Sie führte von Dublin über Howth nach Newgrange, Monasterboice und Kells bis Mullingar mit dem am Lough Ennell gelegenen Belvedere House, dann zum Trim Castle, der Normannenfestung, in der etliche Szenen von ›Brave Heart‹ gedreht worden waren, und dem Hill of Tara.

Nach dem Frühstück hatte Elmer Polly in der Schule, Finn im Kindergarten und Ciara beim Friseur abgeliefert. Inzwischen müsste Maren da sein, hatte vielleicht Lust auf ein Schwätzchen, bevor sie sich auf die Abrechnungen stürzte. Er ging ins Büro.

»Guten Morgen, Maren«, sagte er. »Du warst ja schon mächtig fleißig.« Viel war nicht mehr übrig, wie er erstaunt feststellte. Drei oder vier Hotelrechnungen, wie es aussah.

»Hallo Elmer, schön, dass du da bist. Ich habe nämlich eine Frage.«

»Fehlt ein Beleg? Ich war sicher, keinen übersehen zu haben.«

»Hast du auch nicht, alles in Ordnung«, sagte sie. »Es geht um Belvedere, beziehungsweise die Eifersuchtsmauer, die ich nur von Fotos kenne. Die Fassade einer Klosterruine ausgerechnet ›Jealous Wall‹ zu nennen, finde ich ein bisschen schräg.«

»Es gab nie ein Kloster«, sagte Elmer. »Robert Rochfort, der erste Earl of Belvedere, hat die Mauer als Sichtschutz zwischen Belvedere und Tudenham bauen lassen, dem Anwesen seines Bruders George. Und dieses Haus ist die einzige Ruine, die es dort gibt. Das Ganze hat eine verzwickte Vorgeschichte. Willst du sie hören?«

»Ja, bitte. Heißt das, ich darf eine Kaffeepause einlegen? Ich mache dir auch gern einen Tee.«

»Tee ist immer gut. Und mit kleinen Pausen hält man seine Angestellten bei Laune.« Elmer lachte. »Du liebst Zahlen, ich eher Worte. Eine hervorragende Kombination.«

Er setzte sich auf einen der Stühle vor dem Schreibtisch. Nachdem Maren ihm einen Tee aufgebrüht und sich selbst einen Kaffee eingeschenkt hatte, sprach er weiter:

»Es gab noch einen weiteren Bruder, Arthur. Der wohnte mit seiner Frau Sarah in Belfield, nicht weit von Gaulstown House, dem Familiensitz der Rochforts, in dem Robert mit seiner Frau Mary lebte. Als George aus unerfindlichen Gründen begann, Mary in verleumderischer Weise zu attackieren, suchte sie Zuflucht in Belfield. Prompt behauptete George, Mary habe ein Verhältnis mit Arthur. Er besäße sogar Liebesbriefe, die das bewiesen und womöglich seien Roberts Söhne den Lenden seines Bruders entsprungen. Inzwischen wohnte Robert die meiste Zeit in seinem Jagdschloss – Belvedere. Da Arthur sich für längere Zeit im Ausland aufhielt, konnte Robert sich nicht von Mary scheiden lassen, also sperrte er sie in eine Mansarde in Gaulstown House und verbot ihr jeglichen Kontakt zu anderen Menschen, einschließlich ihrer Familie und den Bediensteten. Als Arthur 1757 zurückkam, verklagte Robert ihn auf Ehebruch und so landete auch dieser im Gefängnis, aber nur, weil er die Strafe nicht zahlen konnte. Mittlerweile war auch das Verhältnis zwischen Robert und George drastisch abgekühlt, was möglicherweise daran lag, dass Tudenham größer und prächtiger war als Belvedere und somit Roberts Neid erregte. Damit sind wir beim Bau der ›Jealous Wall‹ angekommen. Übrigens hat Lady Mary noch auf ihrem Totenbett versichert, nie ein Verhältnis mit Arthur gehabt zu haben. Und natürlich gab es auch keine Liebesbriefe.«

»Missgunst und Lügen.« Maren schüttelte den Kopf. »Wann hat er sie wieder freigelassen?«

»Gar nicht. Mary blieb dort bis zu Roberts Tod 1774. Es heißt, sie sei während dieser 37 Jahre verrückt geworden, weshalb manche sogar Mitleid mit dem Earl of Belvedere hatten.« Elmer trank seinen Tee aus und warf einen Blick in die Ablagekörbchen auf Marens Schreibtisch. »Was macht dein Nordirland-Projekt? Schon Rückmeldungen aus Deutschland?«

»Ja, eine Absage aus NRW, sie schreiben, sie hätten keinen Bedarf an neuen Veranstaltern. Das ist das Bundesland mit der Beschränkung auf fünfhundert Kilometer außerhalb der Landesgrenzen, was aber nicht auf politische Seminare zutrifft. Karlsruhe schreibt, wir sollen uns nächstes Jahr noch einmal melden. Baden-Württemberg«, fügte sie auf Elmers fragenden Blick hinzu. »Niedersachsen bittet um Details zu den Inhalten und ein Leander Berger aus dem hessischen Wiesbaden fragt an, ob er an der Rundreise teilnehmen kann, um sich selbst einen Eindruck zu verschaffen. Ich habe ihm gerade geschrieben, dass wir uns darüber freuen würden, die nächste Tour aber erst im März stattfindet. Fünfundsiebzig Prozent sind eine gute Ausbeute, nicht wahr? Soll ich noch ein paar andere Landesregierungen anschreiben?«

»Lass mal gut sein«, wehrte Elmer lachend ab. »Am Ende müssten wir noch jemanden einstellen, der Sean den einen oder anderen Termin abnimmt. Was anderes: Willst du immer noch als Übersetzerin an Touren teilnehmen oder genügt dir die Arbeit hier im Büro? Die machst du übrigens ganz hervorragend, eigentlich müsste ich dir eine Gehaltserhöhung anbieten.«

»Danke, aber ich kenne die Zahlen. Kein Grund zur Eile. Die Arbeit macht mir wirklich Spaß und ich habe schon eine Menge über Irland gelernt. Natürlich würde ich dich gern mal begleiten, egal auf welcher Tour.«

Elmer zog kurz die Augenbrauen hoch. Eigentlich hatte er erwartet, dass sie mit Sean nach Nordirland wollte, wo sie sich doch so dafür einsetzte. Dass Maren seinen Schwager nicht sonderlich mochte, wusste er von Ciara, allerdings nicht, warum. Sean hielt sich bedeckt. Elmer glaubte nicht, dass er bei den wenigen kurzen Treffen mit Maren so unsensibel gewesen war, sie anzumachen, woran sie verständlicherweise kein Interesse hatte. Er ließ das Thema zunächst auf sich beruhen und sagte:

»Du weißt ja, dass ich gern das Yeats County ins Programm nehmen will. Warum kommst du nicht einfach mit, wenn ich demnächst nach Sligo fahre? Es wird mehr ein Familienausflug, bei dem ich mir nebenbei ein paar Hotels und lohnende Ziele anschauen will. Vielleicht hast du ja die eine oder andere Idee, was Touristen außer Maeves Grab auf dem Knocknarea, dem von W. B. Yeats in Drumcliff und einem abendlichen Ausflug nach Gurteen ins Coleman Music Center noch interessieren könnte. Vielleicht nehme ich noch Donegal und die Slieve League Klippen dazu. Oder hast du schon andere Urlaubspläne?«

»Nichts Konkretes. Vielleicht ein paar alte Freunde in Deutschland besuchen, aber das kann ich trotzdem. Ich komme liebend gern mit, rein privat natürlich, also auf meine Kosten. Ich werde euch auch nicht ständig am Rockzipfel hängen. Stattdessen könnte ich mich um Finn und Polly kümmern, wenn ihr mal allein etwas unternehmen wollt.«

»Steht es denn so schlecht um die Finanzen von Doyle & McLeary, dass wir uns kein Hotelzimmer für dich leisten können? Dann muss ich vorhin etwas überlesen haben.«

Später am Abend, als die Kinder im Bett waren und Ciara sich vor dem Kamin an ihn kuschelte, fragte Elmer sie, was zwischen Maren und Sean vorgefallen war, dass sie so frostig miteinander umgingen.

»Gar nichts, soweit ich weiß. Sie haben sich ja nur zwei- oder dreimal gesehen. Scheint eine Art Magnetismus zu sein, eine Frage von Anziehung und Abstoßung. Augenblicklich wohl Letzteres. Man kann nie wissen, ob es eines Tages ins Gegenteil umschlägt. Andererseits scheint Maren sich mit diesem Lee Sowieso aus Hessen ganz gut zu verstehen. Da gehen eine Menge E-Mails hin und her. Vermutlich ticken sie ähnlich.«

»Apropos Magnetismus. Ich fühle mich gerade sehr von dir angezogen, Schatz.«

»Hm, ausgezogen wäre mir jetzt viel lieber«, schnurrte Ciara und machte sich an seinen Hemdknöpfen zu schaffen.

»Vielleicht sollten wir zuerst die Tür abschließen«, meinte Elmer. »Kein Anschauungsunterricht für die lieben Kleinen.«

Anfang Dezember tauchte Sean im Büro auf und ließ Maren gegenüber einmal mehr den Chef raushängen. Zumindest verbal, seine Blicke sagten etwas ganz anderes. Oder bildete sie sich das nur ein? Warum kam er plötzlich überhaupt alle paar Wochen hereingeschneit, nachdem ihn ihre Arbeit vier Monate lang nicht interessiert hatte?

Er wollte die Bilanzen sehen, sagte er, was sie an Steuern zahlen mussten und wie die Einsatzpläne für das nächste Jahr aussahen. Sie legte ihm die entsprechenden Ordner wortlos auf den Schreibtisch. Letzteres konnte sie ihm nur am Bildschirm zeigen.

Sean stellte sich dicht neben sie, stützte eine Hand auf den Tisch, legte die andere auf die Rückenlehne ihres

Stuhls. Sie beugte sich ruckartig nach vorn. Ihre Wirbelsäule führte ein seltsames Eigenleben, Hitzewellen krochen über ihre Haut. Der Mann war der reinste Backofen. Dazu der Duft seines Aftershaves, der ihr in die Nase stieg – Heu und Leder, mit einer schwachen Kräuternote. Fast konnte sie Pferde wiehern hören.

Maren war heilfroh, als Elmer hereinkam, und Sean sie übergangslos ignorierte.

Sie wünschte, ihn ebenfalls ignorieren zu können, aber wie jedes Mal machte allein seine Anwesenheit sie nervös, von seiner Stimme ganz zu schweigen. Dazu dieses Lächeln, das den etwas schief stehenden linken Schneidezahn zum Vorschein brachte.

Plötzlich wurde ihr bewusst, was sie daran so verwirrte: Bei Victor war es der rechte gewesen, im fast gleichen Winkel. Natürlich war das schon alles an Ähnlichkeit. Victor hatte etwas mehr Fleisch auf den Rippen gehabt, und er war blond gewesen, fast weißblond. Trotzdem.

Ein Grund mehr, sich Sean McLeary vom Hals zu halten.

6.

Geschäftsessen

Maren hatte alle Einladungen, Weihnachten mit ihren Freunden zu verbringen, abgelehnt. Sowohl bei den irischen, als auch den deutschen Freunden. Sie wollte mit den Erinnerungen an Victor allein sein. Vor allem hätte sie es nicht ertragen, wenn alle, die ihn gekannt hatten, über den Unfall gesprochen oder sie mit Anekdoten aus glücklicheren Zeiten überschüttet hätten. Was unweigerlich der Fall gewesen wäre. Silvester war eine andere Geschichte, da überwog die Vorfreude auf das neue Jahr die Besinnung auf die Vergangenheit. Also fuhr sie am 28. Dezember nach Dublin, um von dort nach Frankfurt zu fliegen. Diesmal mit einem Rückflugticket.

Natürlich versuchten ihre Freunde nach wie vor, sie zu überreden, nach Deutschland zurückzukommen. Robert wollte ihr bei der Wohnungssuche helfen, Cousine Ingrid bot ihr sogar die Einliegerwohnung in ihrem Haus an, was für Maren, selbst wenn sie mit dem Gedanken gespielt hätte, gar nicht infrage kam. Lediglich Carlo hielt sich mit konkreten Angeboten zurück, wofür sie ihm dankbar war.

»Du kannst jederzeit deinen Job wiederhaben«, sagte Nina. »Sie nehmen dich mit Kusshand, lieber heute als morgen. Dein Nachfolger kann dir nicht das Wasser reichen.

Was du da in Irland machst, entspricht doch nicht im Mindesten deinen Fähigkeiten.«

»Es macht mir aber Spaß. Ich lerne eine Menge Neues«, sagte Maren nur.

Was sie nicht erwähnte, war, dass ihre alte Heimat ihr fremd vorkam. Sogar ihre Freunde. Nach fast einem Jahr in Connemara war sie die Hektik nicht mehr gewohnt, die sie alle verbreiteten, auch wenn es gar keinen Grund dafür gab. War sie auch so gewesen? Vermutlich. Es war ihr nur nie aufgefallen.

Als Gott die Zeit machte, hat er genug davon gemacht, lautete eines der irischen Sprichwörter. Genug, um nicht auf jede Minute zu achten und dennoch jede einzelne zu genießen. Etwas, das hier niemand zu tun schien. Immer ging es darum, was als nächstes zu erledigen oder zu erleben war, nie um den Augenblick. Dabei bestand das Leben doch aus einer Aneinanderreihung von Momenten. Vielleicht war das die Essenz dessen, was sie in Irland gelernt hatte.

Schon nach einer Woche vermisste sie Ciara, Elmer und die Kinder, Moira und Anton, und auch Aoife, die, egal wie viel gerade bei ihr los war, immer Zeit für eine Tasse Tee hatte. Nur Sean fehlte ihr nicht. Je seltener der sich in Spiddal blicken ließ, umso besser für ihr Seelenheil.

Weil sie aber ihre deutsche Mentalität doch nicht völlig abgelegt hatte, namentlich die Verbindung des Angenehmen mit dem Nützlichen, hatte sie zugestimmt, sich in der ersten Januarwoche mit Leander Berger zu treffen. In Hofheim, was etwa in der Mitte zwischen seinem Wohnort Schierstein und Oberursel lag, wo sie ein Zimmer in einem kleinen Hotel gemietet hatte.

Zwar hatte es nicht an Übernachtungsangeboten gemangelt, doch sie wollte sich weder mit Carlos fünfzehnjährigen Zwillingen ein Zimmer teilen, noch unter einem Dach mit Ingrids Mann Lothar wohnen, der jedem Rockzipfel hinterherhechelte. Schon gar nicht bei Robert, ihrem einstigen Nachbarn, dessen Wohnung das exakte Spiegelbild von ihrer und Victors war. Bei Nina und ihrer Lebensgefährtin Marie hätte sie auf der Couch im Wohnzimmer schlafen müssen, weil Sarahs Kinderzimmer kaum genug Platz für eine Luftmatratze bot. Sarah, das Ergebnis einer künstlichen Befruchtung Maries, war acht Jahre alt.

Ein weiterer Vorteil ihres Hotelzimmers war, dass sie sich jederzeit zurückziehen konnte, wenn ihr alles zu viel wurde.

Jedoch nahm sie gern Roberts Auto, um damit nach Hofheim zu fahren. Es fiel ihr nicht allzu schwer, wieder auf der rechten statt auf der linken Straßenseite zu fahren. Aber war hier schon immer so viel Verkehr gewesen?

Leander Berger hatte das ›Türmchen‹ vorgeschlagen, ein Restaurant im Zentrum, dessen Spezialität Pfannkuchen mit einer großen Auswahl verschiedenster Füllungen waren. Das Fachwerkhaus war leicht zu finden und davor gab es einen großen Parkplatz. Nun musste sie nur noch ihren Gesprächspartner zwischen den anderen Gästen erkennen.

Beziehungsweise er sie, was einfacher sein sollte, weil ein Keltenkreuz die Mappe mit den Unterlagen, die sie dabei hatte, zierte. Also trug sie diese gut sichtbar, als sie das Lokal betrat und sich suchend umsah.

Tatsächlich erhob sich ein durchtrainiert wirkender Mann mit kurzen, hellbraunen Haaren von einem Tisch am Fenster und kam freundlich lächelnd auf sie zu.

»Maren Lang?«, fragte er und streckte die Hand aus, als sie nickte. »Leander Berger. Wir sind verabredet.«

Er deutete sogar eine winzige Verbeugung an, die eher zu einem viel älteren Mann gepasst hätte. Genau wie sein Tweed-Jackett mit den Lederflicken an den Ellbogen. Sein Händedruck fühlte sich angenehm an. Maren folgte ihm zu dem Tisch und unterdrückte ein Schmunzeln, weil er beim Herausziehen ihres Stuhles die Tischdecke ebenfalls zu fassen bekam und in letzter Sekunde nach dem Bierdeckelhalter greifen konnte, bevor dieser auf den Boden fiel.

»Entschuldigung«, sagte er, brachte gekonnt die Tischdecke wieder in ihre normale Lage und setzte sich ihr gegenüber. »Manche Leute halten mich für einen Tollpatsch. Damit haben sie vielleicht nicht ganz unrecht.«

»Ist ja nichts passiert«, meinte sie, während sie in einem Winkel ihres Hirns mit dem Wort ›verabredet‹ spielte. Es war ein Geschäftsessen, keine Verabredung, rief sie sich in Erinnerung. Sie konnte diesen Mann aber trotzdem sympathisch finden, nicht wahr?

»Sind Sie hungrig? Möchten Sie erst bestellen oder sollen wir gleich …« Er deutete auf die Mappe, die sie neben sich auf den Tisch gelegt hatte. »Vielleicht haben Sie heute noch etwas anderes vor.«

»Aber nein, der Nachmittag gehört ganz Ihnen, Herr Berger.«

»Oh, das ist schön. Dann also erst etwas essen?«

»Gern.« Sie griff nach der Speisekarte. Entschied sich für einen Pfannkuchen mit Rucola, Serranoschinken und Schafskäse. Salat gab es auch dazu. Und als Dessert natürlich ebenfalls Pfannkuchen, mit roter Grütze, Eis, Nutella oder Zimt und Zucker. Aber das wäre zu viel des Guten, weil sie der Karottencremesuppe vorweg nicht widerstehen konnte.

Nachdem sie bestellt hatten, sagte Leander: »Sie wissen ja, dass ich Sie zuerst für eine Irin gehalten und mich gewundert habe, woher Sie so gut Deutsch können. Ich frage mich natürlich auch, was Sie von Mainhattan in ein irisches Dorf verschlagen hat, wenn das nicht zu persönlich ist. Einen größeren Gegensatz gibt es ja wohl kaum.«

»Das ist schnell erklärt. Nach dem Tod meines Mannes brauchte ich einen Tapetenwechsel. Der Unterschied konnte mir gar nicht groß genug sein. Ich lebe jetzt seit fast einem Jahr dort und das war die beste Entscheidung, die ich in meiner damaligen Situation treffen konnte.«

»Verstehe. Es tut mir leid. Ich, äh, bin nicht gut in solchen Dingen. Meine Freundin hat mir immer vorgeworfen, im Vergleich mit mir wäre eine Hundeschnauze warm. Sie verstehen die Anspielung? Kalt wie eine Hundeschnauze? Ich bin auch nicht sonderlich gut in Metaphern.« Er verzog die Mundwinkel zu einem halben Lächeln, hielt dabei seine Lippen geschlossen.

»Das hört sich an, als wären Sie nicht mehr mit ihr zusammen.« Maren konnte auch indiskret sein.

»Stimmt. Wir haben letzten September Urlaub in Thailand gemacht und sie ist einfach dortgeblieben. Bei einem Thailänder, der lediglich einen Stofffetzen um die Hüfte trägt. Nun ja, bei den Temperaturen ...« Er zuckte mit den Schultern.

»War das kein Schock für Sie?«

»Zuerst schon. Aber dann habe ich mir gesagt, dass es so vielleicht besser ist. Bevor ich ihr die Ehe anbieten konnte und unsere Kinder eines Tages ihre gesicherte Zukunft gegen eine Bambushütte am Strand hätten eintauschen oder ohne Mutter aufwachsen müssen. Man kann nicht in einen Menschen hineinschauen.«

»Es wäre nicht immer von Vorteil, wenn man es könnte.« Warum musste sie plötzlich an Sean denken? Es interessierte sie nicht im Geringsten, was in dem vorging.

»Haben Sie Kinder?«, fragte Leander in diesem Moment.

»Nein.« Das wurde ihr jetzt doch langsam zu persönlich. Sie war froh, als die Suppe kam und auch ihr Gegenüber sich mit seiner klaren Brühe beschäftigte und schwieg. Vielleicht wäre es doch besser, nicht den ganzen Nachmittag mit ihm zu verbringen. Falls es ihr nicht gelang, auf unverfänglichere Themen umzuschwenken.

Eventuell teilte er ihre Ansicht, denn während sie sich den leckeren Pfannkuchen widmeten, stellte er nur noch Fragen zu Irland und den Angeboten von Doyle & McLeary, über die er sich inzwischen auf ihrer Website informiert hatte. Woraufhin sie von der geplanten Tour durch Sligo erzählte, an der sie mit Elmer und Ciara bis kurz vor ihrer Abreise getüftelt hatte.

Seine grauen Augen leuchteten. »Had I the heavens' embroidered cloths, enwrougth with golden and silver light«, begann er ihr Lieblingsgedicht zu zitieren. »Ist das nicht ein wundervolles Bild? Ich liebe Yeats.«

Es waren nicht nur die Worte, die ihr wie immer Gänsehaut verursachten, vielmehr brachte seine Stimme etwas in ihr zum Vibrieren, von dem sie geglaubt hatte, es für immer verloren zu haben. Sie musste schlucken, brachte keinen Ton heraus und wagte es nicht einmal, nach ihrem Bierglas zu greifen, weil sie Angst hatte, es nicht festhalten zu können. Dabei war ihre Kehle so trocken wie das Death Valley im Hochsommer. Wenigstens schien er nichts davon zu bemerken.

»Irland war nie ein Reiseziel für mich«, sagte er mehr zu sich selbst, dann etwas lauter: »Aber ich glaube, ich sollte es ganz oben auf meine Liste setzen. Wann werden Sie die Sligo-Tour in Ihr Programm aufnehmen? Und kann ich mich schon mal dafür anmelden?«

Ihre Beklemmung löste sich zum Glück auf, zumindest reichte es, um gefahrlos einen Schluck zu trinken, bevor sie ihm antwortete:

»Frühestens im April, eher im Mai. Wir müssen erst noch mit den infrage kommenden Hotels über die Konditionen verhandeln. Aber ich merke Sie gern vor, Herr Berger.«

»Könnten Sie, wo wir uns jetzt persönlich kennen, meine ich – also könnten Sie sich da vielleicht vorstellen, mich Leander zu nennen? Sagen Sie ganz ehrlich, wenn Sie mich für unverschämt halten.«

Sie sah ihn ein paar Sekunden lang an, sein selbst mitten im Winter leicht gebräuntes, glattrasiertes Gesicht mit der schmalen Nase und den vollen – nicht zu vollen – Lippen. Die grauen Augen, jetzt eine Nuance dunkler als vorhin. Sein dichtes, hellbraunes Haar, das sich, obwohl es streichholzkurz geschnitten war, über den Ohren lockte. Seine Zähne – was war mit seinen Zähnen? *Herrgott nochmal, er hat welche und es ist völlig egal, wie sie aussehen!*

»Das kann ich mir sogar sehr gut vorstellen, Leander.« Es fühlte sich komisch an, seinen Namen auszusprechen. »Ich bin Maren. Aber das wissen Sie ja längst.«

Sie reichte ihm noch einmal die Hand, die er mit sanftem Druck festhielt – vielleicht eine Sekunde zu lang. Dann ließ er sie wieder los, bevor es unangenehm wurde. Oder peinlich. Oder – gütiger Himmel! Sie war schließlich kein Teenager mehr! Was passierte da gerade? *Nichts. Es ist nichts. Er ist nur der Mann, der darüber entscheiden kann, ob Doyle & McLeary als Veranstalter von Bildungsurlauben zugelassen werden oder nicht.*

»Wollen wir jetzt über Nordirland sprechen?«, fragte sie, während er gleichzeitig fragte: »Möchten Sie vielleicht einen Cappuccino oder Espresso, Maren?«

Sie lachten und sagten – wieder gleichzeitig: »Espresso bitte.« (Maren) und »Ja, gern.« (Leander)

»Deshalb sind wir schließlich hier«, fügte er dann hinzu, als müsste er sie und sich selbst an den Grund ihres Treffens erinnern.

Natürlich war das hier kein Date, nur ein Geschäftsessen. Und das blieb es auch, denn beide schlüpften schlagartig und völlig mühelos in einen professionellen Modus. Jetzt ging es nur noch darum, was Doyle & McLeary, hauptsächlich McLeary, zu bieten hatte, und ob Ablauf und Inhalte ›gesetzeskonform‹ waren.

Maren war darauf vorbereitet, dass sie vielleicht kleine Änderungen vornehmen mussten, hatte sich nur noch nicht damit befasst, wie sie das Sean McLeary schmackhaft machen sollte. Es stellte sich jedoch heraus, dass gar nichts angepasst werden musste. Die Stadtrundfahrt durch West-Belfast mit Stopps in der (protestantischen) Shankill und der (katholischen) Falls Road mit ihren jeweiligen Murals, also den Wandmalereien, und der Besuch der Bombay-Street-Gedenkstätte direkt an einer der Peace-Walls entsprach ebenso dem politischen Thema wie der Besuch der Conway Mill, einer ehemaligen Leinenfabrik, nun eine Begegnungsstätte für Katholiken und Protestanten, die sich der Erwachsenenbildung, der Jobvermittlung und dem Friedensprozess im Allgemeinen widmete und auch einige Ateliers für Künstler sowie ein Bistro beherbergte.

In Stormont, dem Parlamentsgebäude, das imposant auf einem Hügel thronte, gab es dank Seans Kontakten oft die Möglichkeit, mit einem Abgeordneten zu sprechen oder als Zuschauer an einer Parlamentssitzung teilzunehmen. Sogar die Arbeitersiedlung im Osten der Stadt, die von den beiden riesigen gelben Kränen der Harland & Wolff-Werft dominiert wurde, samt dem Aufenthalt im Titanic-Center konnte man nicht nur Freizeitvergnügen nennen.

Die Fahrt zur Nordküste führte an einer Normannenfestung in Carrickfergus und der Carrick-a-Rede-Rope-Bridge vorbei, bot also eine vertretbare geschichtliche Abwechslung und je nach Wetterverhältnissen vielleicht das Abenteuer, diese schwankende Hängebrücke zu überqueren. Und warum sollte man nicht nach dem Besuch des Giants Causeway, immerhin Welterbestätte, den Tag mit einer Whiskey-Verkostung in der ältesten legalen Brennerei in Bushmills beschließen? Und Derry/Londonderry wiederum stand ganz im Zeichen der ›Troubles‹, wie auch Portadown, der letzte Stopp vor dem Ende der Rundreise in Belfast.

»Damit sind die Kriterien ausreichend erfüllt«, sagte Leander schließlich und lehnte sich zufrieden in seinem Stuhl zurück. »Ich werde bei der nächsten Sitzung des Bildungsausschusses eine Empfehlung aussprechen, Doyle & McLeary auf die Trägerliste zu setzen. Natürlich tauchen Sie dieses Jahr noch nicht in unseren Broschüren auf, aber falls das Gremium zustimmt, werden wir einen entsprechenden Hinweis für die zweite Jahreshälfte auf unserer Website veröffentlichen. Was Sie natürlich auch tun dürfen, nachdem wir alles schriftlich festgehalten haben. Es lebe das elektronische Zeitalter. Ich danke Ihnen sehr, Maren, für Ihre Geduld und Ihre Erklärungen.«

»Es war mir ein Vergnügen. Wirklich. Vielleicht darf ich bald selbst eine Gruppe nach Nordirland begleiten.« Nur schade, dass sie dann mit Sean McLeary im selben Boot, beziehungsweise Bus, sitzen würde. Es gab nun einmal keine perfekte Welt.

Draußen war es schon dunkel, als Leander sie zu ihrem Auto begleitete. »Halten Sie mich bitte über Sligo auf dem Laufenden, ja? Und ich würde mich außerordentlich freuen, Sie im Mai in Belfast wiederzusehen.«

Oh ja, das würde bestimmt einiges einfacher für sie machen – falls es nicht sehr viel komplizierter wurde. »Wir bleiben in Verbindung, Leander, versprochen.«

Immerhin hatten sie nun auch ihre privaten E-Mail-Adressen ausgetauscht.

7.

Kindergeburtstag

Ende Februar stand das Sligo-Programm fest, sodass Maren und Ciara die Daten der nunmehr sechs Rundreisen in den Kalender der Website einfügen konnten. Bei der integrierten Buchungsfunktion hatte Maren einen zusätzlichen Button programmiert: ›Deutsche Übersetzung erwünscht‹. Klickte man den an, wurde der Reisepreis entsprechend angepasst. Vier Termine waren bereits nach einer Woche von verschiedenen Volkshochschulen geblockt. Und das nur im ersten Halbjahr. Allerdings brachten die alle ihre eigenen Dolmetscher mit.

»Du hast dir wirklich einen Bonus verdient, Maren«, sagte Ciara strahlend. »Wenn das so weitergeht, fährt Doyle & McLeary dieses Jahr den ersten Gewinn ein.«

»Warte lieber, bis der auf dem Konto ist, bevor du mit Verteilen anfängst«, wehrte Maren ab. »Ich komme finanziell ganz gut klar, brauche ja nicht viel.«

»Als ob das eine Rolle spielt. Glaubst du, ich weiß nicht, was du alles von ›The Ferns‹ aus erledigt hast, ohne es in deiner Stundenabrechnung aufzuführen? Wir lassen dich zwar gern Entscheidungen treffen, aber hierbei hast du kein Mitspracherecht.«

»Trotzdem. Es wäre mir Bonus genug, wenn ich Elmer auf einer Connemara- oder Sligo-Tour begleiten dürfte.«

»Das lässt sich arrangieren. Aber ich dachte eigentlich, dass du dich für Nordirland interessierst, weil du dich doch so sehr in diese Bildungsurlaubssache vertieft hast.«

»Das steht auch auf meiner Wunschliste«, gab Maren zu, »eilt aber nicht.«

Sean hatte sich während des Winters zwar öfter blicken lassen, als ihr lieb war, sich ihr gegenüber jedoch recht neutral verhalten. Was sie zu schätzen wusste. Dennoch traute sie dem Frieden nicht genug, um eine Woche lang jeden Tag entspannt neben ihm im Bus zu sitzen. Dabei hätte sie nicht sagen können, was genau sie an Ciaras Bruder so störte – oder verstörte. Lag es wirklich nur an dem krummen Schneidezahn, der zuweilen zwischen seinen sinnlichen Lippen aufblitzte? An der samtigen Baritonstimme und seinen rätselhaften Blicken aus mahagonifarbenen Augen? Jemand sollte schnellstens einen Impfstoff gegen den Sean-McLeary-Virus entwickeln.

Währenddessen entspann sich ein reger Austausch von rein privaten E-Mails zwischen ihr und Leander. Irgendwann gingen sie vom ›Sie‹ zum ›Du‹ über. Es gab kaum einen Abend, an dem sie keine Nachricht von ihm in ihrem Postfach fand. Sie tauschten sich über Bücher und Filme aus, über ihre Freizeitaktivitäten und Treffen mit Freunden.

Sie erfuhr, dass Leander seinem Cousin im Herbst hin und wieder bei der Weinlese half und einer seiner früheren Schulkameraden Miteigentümer eines Gestüts in der Nähe von Eltville war. Weil Pferde regelmäßig Bewegung brauchen, wozu ihre Besitzer nicht immer in der Lage waren, unternahm er oft Ausritte in den Rheinauen oder begleitete Reitergruppen bei Tagesausflügen.

Daher also die gesunde Bräune seiner Haut und sein muskulöser Körperbau, an den sie sich allzu gut erinnerte.

Eines Abends im März las sie:

From: Leander-Berger@gmail.com
To: Maren.Lang@eircom.net
Subject: Treffen

Liebste Maren,

Ich habe eine Überraschung für dich. Du weißt, dass wir auch Sprachreisen im Programm haben. Dafür ist meine Kollegin Christa Sauer zuständig. Sie führt normalerweise auch die turnusmäßigen Gespräche mit Lehrern und Gastfamilien vor Ort. Jetzt fällt sie aber kurzfristig wegen einer Knieoperation aus. Rate, wer an ihrer Stelle nach Limerick fliegen wird! Ich gebe zu, ich habe mich ein wenig vorgedrängt. Jedenfalls fliege ich übernächsten Samstag nach Shannon, würde gegen siebzehn Uhr ankommen und habe den Sonntag zur freien Verfügung.

Wäre das nicht eine tolle Gelegenheit, uns dort zu treffen? Es sind nur zwei Stunden Fahrt von deinem Cottage, ich habe nachgesehen. Die Termine finden Montag und Dienstag statt, aber ich muss bis Donnerstag bleiben, weil es nur zwei Direktflüge pro Woche gibt. Ich kann nicht erwarten, dass du am Mittwoch noch einmal die Strecke fährst, aber theoretisch könnte ich zwei Tage länger bleiben, privat natürlich. Dann hätten wir etwas mehr Zeit.

Bitte sag ja. Ich würde mich riesig freuen, dich wiederzusehen. Zumal du mir noch immer nicht gesagt hast, ob wir uns im Mai in Belfast sehen oder nicht.

Herzliche Grüße,
dein Leander.

Nein, das waren keine Schmetterlinge in ihrem Bauch. Definitiv keine Schmetterlinge. Höchstens Grillen. Oder Heuschrecken.

Drei Tage mit Leander, vielleicht vier.

In Limerick, der langweiligsten Stadt in ganz Irland. Sicher, es gab das King John's Castle, ein paar Kathedralen und Museen und sie könnten sich irgendeine Show im

Lime Tree Theatre anschauen oder in ein Casino gehen. Aber all das hatte in ihren Augen so gar nichts Irisches.

Da würde sie ihm viel lieber Bunratty Castle & Folk Park zeigen, der auf halbem Weg zum Flughafen lag. Vielleicht gar keine schlechte Idee. Oder ein Abstecher nach Adare, dem ›schönsten Dorf Irlands‹, wegen der reetgedeckten Cottages entlang der Hauptstraße. Das lag zwar in der entgegengesetzten Richtung, war aber nur knapp zwanzig Kilometer von Limerick entfernt. Schmunzelnd stellte sie fest, dass sie sich nach gut einem Jahr in Irland schon ebenso gut auskannte wie im Rhein-Main-Gebiet und im Taunus, wo sie nahezu ihr ganzes Leben verbracht hatte.

Sie schrieb ihm zurück, dass sie sich darauf freute, ihm ein paar interessantere Orte als Limerick zu zeigen, er sich allerdings am Sonntag allein die Stadt anschauen müsste.

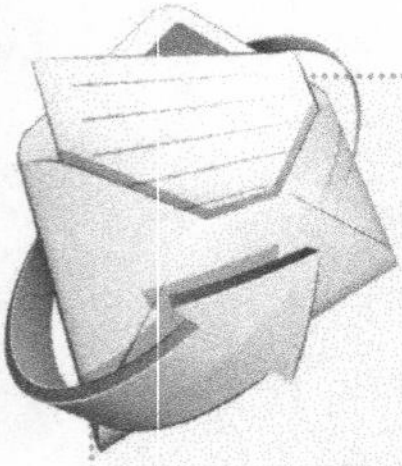

Das ist Finns Geburtstag, er wird vier, und natürlich muss ich bei der Feier dabei sein. Aber ich könnte schon am Dienstagabend nach Limerick kommen, dann haben wir drei ganze Tage und ich bringe dich natürlich am Samstag zum Flughafen. Reserviere mir doch bitte ein Zimmer in deinem Hotel, nur für eine Nacht, um den Rest kümmere ich mich. Ich weiß schon, wo wir hinfahren, lass dich überraschen.

Sie fügte noch ein paar Tipps für Limerick hinzu und schickte die Mail ab.

Am Freitag fuhr Elmer mit den Kindern nach Salthill ins Aquarium. Das ›Atlantaquaria‹ lag direkt an der Galway Bay und Polly hatte Maren bereits vor Tagen erzählt, dass Finn sich bestimmt nicht trauen würde, einen Rochen zu streicheln. Sie natürlich schon.

Der Hauptgrund für den Ausflug war die Vorbereitung kleiner Geschenke für Finns Geburtstagsgäste. Die Tütchen sollten am Samstag im Garten versteckt werden und am Sonntag würde es eine Schatzsuche geben. Davon durften natürlich weder Finn noch Polly etwas wissen, weshalb Maren Buntstifte und kleines Spielzeug, also Autos, Püppchen und Murmeln, nach ›The Ferns‹ mitgenommen hatte. So musste Ciara nur die Keksdosen vor neugierigen Kinderaugen verstecken.

Eine davon stand schon zwischen Teetassen, Geschenkpapier und Klebestreifen auf dem Küchentisch, als Maren mit dem Karton ankam. Zunächst schnitten sie das Geschenkpapier in gleich große Stücke, die dann gefaltet und an den Seiten zusammengeklebt werden sollten.

»Ich habe extra wasserfestes Papier genommen, falls es in der Nacht zum Sonntag regnet.« Ciara faltete probeweise einen der Zuschnitte, legte ihn auf ein Plastik-Set und hielt ihn dort fest, damit Maren die Klebestreifen am Rand anbringen konnte. Zufrieden nickte sie und sah auf. »Passt.«

»Warum hast du nur eine Sorte Papier?«, fragte Maren. »Wie willst du denn so auseinanderhalten, welche Tüten für die Jungs und welche für die Mädchen sind? Über Buntstifte und Murmeln freuen sich ja beide, aber was ist mit Püppchen und Autos?«

»Für eine Schatzsuche braucht man eine Schatzkarte, richtig? Elmer fotografiert die Verstecke mit seiner alten Sofortbildkamera, packt die Fotos in rote und blaue Umschläge, und die teilen wir dann aus.«

»Ganz schön aufwändig. Dann musst du die beiden auch morgen von hier fernhalten? Schon eine Idee?«

»Ich lad sie bei dir ab und lass mich im Galway Bay Hotel verwöhnen. Hot-Stone, Peeling, Maniküre, Pediküre, das ganze Programm. Elmer wird glauben, er geht fremd. Schau nicht so erschrocken«, sagte sie dann lachend. »Aoife holt sie ab. Es gibt einen Malwettbewerb bei ihr um die Ecke.«

»Ich bin überhaupt nicht erschrocken«, behauptete Maren und zog vorsichtig das letzte Tütchen von dem Set, um die Klebestreifen auf der anderen Seite zu befestigen. »Ich wollte mir nur den Plan von Bunratty ansehen, also die Informationen zu den Häusern und der Dorfschule. Ich will das nicht alles vom Blatt ablesen.«

»Du magst diesen Lee«, sagte Ciara, der es schwerfiel, seinen vollen Namen auszusprechen. »Ich hoffe nur, du lässt dich von ihm nicht überreden, nach Deutschland zurückzugehen.«

»Wie kommst du denn darauf? Klar mag ich ihn, das

ist aber schon alles.« Maren musste sich das nur oft genug sagen, dann glaubte sie es selbst. Meistens jedenfalls.

»Sean hat angerufen, er kommt schon samstags und bleibt die ganze Woche. Finn ist ganz aufgeregt, immerhin ist Sean sein Patenonkel, den er viel zu selten sieht.«

»Ein paar seiner Freundinnen wissen seine Anwesenheit sicher zu schätzen.«

»Nanu, bist du etwa eifersüchtig? Was habe ich verpasst?«

»Gar nichts. Du weißt genau, dass mir das Privatleben deines Bruders am A… vorbeigeht. Mir würde es völlig genügen, schriftlich mit ihm zu verkehren.«

Dabei störte er wenigstens nicht ihren Seelenfrieden. Das Beste an seinem ausgedehnten Besuch war, dass sie in dieser Woche nicht hier sein würde. Auf Finns Feier war er bestimmt ausreichend beschäftigt, eventuell würde er am Dienstagmorgen ins Büro kommen, falls es noch etwas zu besprechen gab. Wenn sie am Samstag wiederkam, wäre McLeary bereits in Dublin, um die erste Gruppe der neuen Saison in Empfang zu nehmen.

Maren stand unschlüssig vor ihrem Kleiderschrank. Was war so schwer daran, sich für ein Outfit zu entscheiden? Sie ging nur zu einem Kindergeburtstag, verdammt. Wo sie längst sein könnte, wenn sie nicht den ganzen Morgen herumgetrödelt hätte. Jeans natürlich, die Spiele von Vierjährigen fanden meist auf dem Boden statt, da wäre ein Rock unpraktisch. Dazu die blaue Streifenbluse – nein, lieber die cremefarbene mit den Streublümchen. Darüber die Jeansweste, die sie ausziehen konnte, falls ihr zu warm wurde. Komisch, dass Ciaras Eltern nicht zur Geburtstagsfeier ihres Enkels kamen. Auf Marens Frage hatte Ciara nur gesagt, das hätte mit Sean zu tun, aber es sei zu kompliziert, um es mit ein paar Worten zu erklären. Außerdem hätten sie mit einer tobenden Kinderschar nicht viel am Hut.

Kurz nach halb zwei betrat Maren das Haus der Doyles und hörte schon die Kinderstimmen aus dem Wohnzimmer, das weitgehend von Möbeln befreit worden war. Als sie an der offen stehenden Küchentür vorbeiging, sah sie aus dem Augenwinkel ein Paar in inniger Umarmung. Sean McLeary, breitbeinig an die Arbeitspatte gelehnt, seine Hände auf dem Po einer üppigen Blondine. Schlagartig wurde ihr nicht nur warm, sondern heiß. Natürlich hatte ihre Reaktion nichts mit Ciaras Bruder zu tun; was sie hier sah, erinnerte sie an Victor und daran, allzu lange nicht in den Armen eines Mannes gelegen zu haben. Ob sie und Leander …? Und dann bemerkte sie, dass Sean sie über die Schulter der Frau ansah, ohne den leidenschaftlichen Kuss zu unterbrechen. Also wirklich! Sie wandte sich rasch ab und ging ins Wohnzimmer.

»Wird aber auch Zeit, dass du mit dem Saft … oh, du bist es«, unterbrach sich Ciara. »Ich dachte, Sean hätte – egal. Ich geh lieber selbst. Finn! Schau, wer hier ist«, rief sie dann und drehte sich zur Tür.

Maren hielt sie am Arm fest. »Vielleicht solltest du besser nicht in die Küche gehen.«

»Warum das denn?«

»Dein Bruder könnte sich, äh, gestört fühlen.«

»Wie rücksichtsvoll von Ihnen, Maureen.« Sean grinste anzüglich. »Brigid ist gerade gekommen, musste aber nochmal weg.« Er drückte Ciara zwei Kartons Apfelsaft in die Hände und fügte hinzu: »Sie holt Rosie später wieder ab.«

Maren war froh, dass Finn auf sie zugeschossen kam, und bückte sich wortlos zu ihm hinunter. So konnte sie wenigstens die Röte verbergen, die ihr in die Wangen schoss. Das war ja wohl mehr als zweideutig. Hatte er wirklich? In der Küche? Während sie dabei zugesehen hatte?! Sie ließ sich bereitwillig von Finn zu seinen Freunden zerren und beschloss, Sean McLeary einfach zu ignorieren.

Was fast unmöglich war, da er sich natürlich auch unter die Kinderschar mischte. Dabei benahm er sich, als würde er das tagtäglich tun und alle hingen an ihm, kletterten abwechselnd auf seinen Rücken und schrien »Lauf, Pferdchen!« Irgendwann ließ er sich erschöpft neben ihr auf den Teppich fallen.

»Der wilde Mustang braucht dringend eine kleine Verschnaufpause«, sagte er, nahm ihr das halbvolle Glas Apfelsaft aus der Hand und trank es in einem Zug aus. Schließlich gab er ihr das leere Glas zurück. »Reiten Sie auch gern ohne Sattel, Maureen?«

Etwas in seinem Blick ließ Maren vermuten, dass er nicht von Pferden sprach. Oder war es sein Tonfall, der für den plötzlichen Fieberschub verantwortlich war? Verdammter Sean-McLeary-Virus!

Sean rollte sich auf den Rücken und hob ruckartig sein Becken an. Ihr Mund wurde trocken und dann starrte sie auf das Spielzeugauto, das er unter seinem Po hervorzog und zur Seite legte. Verdammt. Eine Sekunde lang hatte sie sich vorgestellt ...

»Ich stehe Ihnen jederzeit als Reitlehrer zur Verfügung, ein kleines Wiehern genügt«, raunte er und hob dann die Stimme: »Vielleicht sollte ich uns vorweg etwas Richtiges zu trinken besorgen, nicht diesen labberigen Saft.«

War das jetzt schon wieder zweideutig oder hatte sie ihn nur falsch verstanden? Ganz bestimmt hatte er ›Wort‹ gesagt, nicht ›Wiehern‹. Wahrscheinlich litt sie unter Hormonstau. Ja, das musste es sein. Er bot ihr lediglich etwas zu trinken an, nicht, sie zu bespringen wie eine rossige Stute. Nur dumm, dass sie sich gerade so fühlte.

»Vielen Dank, ich kann mich sehr gut selbst versorgen.« Sie stand abrupt auf und ging zu dem Tisch in der Ecke, auf dem Gläser und Getränke standen. Was für eine bescheuerte Wortwahl war das denn? Sie goss sich eine Tasse Tee ein.

»Nehmen Sie Zucker, das beruhigt Ihre Nerven.« Wie aus dem Nichts stand Sean hinter ihr, griff um sie herum nach der Zuckerdose, gab zwei Löffel voll in ihre Tasse und rührte langsam um.

Maren stand wie erstarrt, gefangen zwischen dem Tisch und seinen Armen. Er berührte sie zwar nicht, aber sein Körper war nahe genug an ihrem, dass sie die Hitze spüren konnte, die von ihm ausstrahlte. Merkte er, dass ihr Körper förmlich zischte? Wie ein Eiswürfel, der auf glühende Kohlen fällt. *Fahr zur Hölle, Sean McLeary!* Die Tasse klapperte auf dem Unterteller.

»Vorsicht, Maureen«, flüsterte er, und sein Atem streifte ihr Ohr, was ihr nicht nur dort Gänsehaut verursachte. »Sie wollen sicher nicht, dass hier gleich etwas Dummes passiert, oder vielleicht doch?«

Sean trat lässig beiseite, stellte die Zuckerdose zurück auf den Tisch und leckte genüsslich den Löffel ab, mit dem er Maureens Tee umgerührt hatte. Sie trug dieselbe Bluse, in der er sie zum ersten Mal gesehen hatte. Die Blümchen waren wirklich Vergissmeinnicht. Ein Omen? *Abergläubischer Quatsch!* Wie leicht es war, sie durcheinanderzubringen. Da war nichts Nüchtern-Sachliches mehr an ihr; sie vibrierte wie eine Harfensaite. Dabei hatte er sie absichtlich nicht berührt.

Was er nur zu gern tun würde. Natürlich nicht hier, vor all den Kindern und mit dem forschenden Blick seiner Schwester im Nacken. Seit Ciara ihm erzählt hatte, dass seine Schattenelfe sich mit diesem deutschen Paragraphenreiter treffen würde, befürchtete er, sie könnte sich ernsthaft mit ihm einlassen, bevor er selbst bei ihr zum Zug kam. Der Typ durfte ihr gern weiterhin täglich E-Mails schreiben, mehr aber nicht.

Seit über einem Jahr lebte sie wie eine Nonne, und das war mit Mitte dreißig gar nicht gesund. Doktor Sean hatte die richtige Medizin für sie. Womöglich brauchte er eine kugelsichere Weste, wenn er sie nach so langer Zeit das erste Mal zur Explosion brachte. Die erwähnte ›Selbstversorgung‹ (sie war wirklich rot geworden, als sie die Zweideutigkeit ihrer Worte erkannt hatte) war ein überaus unzureichender Ersatz.

Als sie ihn vorhin mit Brigid bei ihrem üblichen frivolen Spielchen beobachtet hatte, das nicht halb so erotisch gewesen war, wie es wahrscheinlich ausgesehen hatte, war das fast eine Initialzündung gewesen. Sowohl auf seiner als auch auf ihrer Seite, was ihm nicht entgangen war. Fast panisch versuchte sie selbst jetzt noch, es zu leugnen, was ihr nicht einmal ansatzweise gelang.

Jede andere hätte er als ›reif‹ bezeichnet. Fallobst, das er nur aufzuheben brauchte. Warum kam ihm das plötzlich in Verbindung mit Maureen schäbig vor?

Trotzdem genoss er das Spiel, das er mit ihr spielte. Weil er gar nicht anders konnte. Er hatte nicht erst heute damit begonnen. Dazu gehörte auch, dass er in den letzten Monaten in ihrer Gegenwart den Chef herausgekehrt und sich auf winzigste, kaum als solche erkennbare Provokationen beschränkt hatte.

Er hätte das noch eine Weile durchgezogen. Erst während ihrer gemeinsamen Tour, wann immer die stattfinden würde, wollte er sich ihr auf privater, genauer gesagt: intimer Ebene nähern. Als zusätzlichen kleinen Kick am liebsten vor den Augen dieses Deutschen. Der ausgerechnet schon jetzt in Limerick auf sie wartete.

»Wovon träumst du, Sean?«, riss Elmer ihn aus seinen Überlegungen. »Von einer neuen Flamme?«

»Eher von einem Flächenbrand«, rutschte ihm heraus. »Aber keine Sorge, ich weiß, wo der Feuerlöscher hängt«, fügte er halbherzig hinzu. Wenn es nach ihm ging, würde der auch dort hängenbleiben.

»Sei bloß vorsichtig, eines Tages landest du doch noch vorm Altar.«

»Also davor weiß ich mich zu schützen. Mir bleibt sowieso kaum Zeit für Eskapaden, bei dem engen Terminplan, den die beiden Damen gestrickt haben.«

»Ach was, der ist kaum enger als bisher. Das kommt dir nur so vor, weil wir schon jetzt mehr Buchungen haben als in den ersten zwei Jahren. Das haben wir Maren zu verdanken, sie ist echt tüchtig. Lässt unsere Kasse ordentlich klingeln. Wurde langsam Zeit. Meinst du, dein Bus hält diese Saison noch durch?«

Sean war froh über den Themenwechsel. »Wir sollten uns rechtzeitig nach einem neuen umschauen«, sagte er. »Kein fabrikneuer, aber vielleicht ein Zwanzigsitzer. Das gibt uns gegenüber dem Sechzehner ein wenig Spielraum nach oben.«

»Fachsimpelt ihr schon wieder?«, mischte sich Ciara ein. »Dafür habt ihr morgen und den Rest der Woche noch genug Zeit. Heute ist Finns Tag, also haltet lieber die Kids beschäftigt. Es hat aufgehört zu regnen, also raus mit euch.

Aoife und ich beseitigen hier schon mal ein wenig Chaos, bevor die Erwachsenen eintrudeln. Es ist doch immer wieder schön, Gäste zu haben, nicht wahr?«

Maren setzte sich mit ihrer Teetasse auf einen Hocker. Der Tee war fast ein wenig zu süß, aber er beruhigte tatsächlich ihre Nerven. Wie schaffte dieser Sean McLeary es nur, sie derart aus der Fassung zu bringen? Erst die Blondine in der Küche, dann der Spielzeugbagger und die Bemerkung mit dem Reitlehrer und reiten ohne Sattel.

Plötzlich fiel ihr ein, was Leander über das Reiten geschrieben hatte. Mit echten Pferden. Er war das Gegenteil von Sean, kein verwegener Reiter, sondern ein ehrenhafter Ritter. Aber was, wenn sie sich täuschte und er gar kein Einzelzimmer für sie reserviert hatte? Schließlich hatte sie selbst schon daran gedacht, mit ihm …

Vielleicht sollte sie das Treffen absagen. Aber dann würde sie nie herausfinden, welche Absichten Leander wirklich hatte. Falls er überhaupt welche hatte. Was Sean wollte, war klar, sie musste nur ihre heftige körperliche Reaktion auf ihn in den Griff bekommen.

Aoife brachte das Karussell in ihrem Kopf und die Achterbahn in ihrem Bauch abrupt zum Anhalten. Sie gab ihr einen Karton mit roten und blauen Umschlägen und sagte: »Kannst du die bitte an die Kinder verteilen? Wenn wir jetzt nicht mit der Schatzsuche beginnen, wird das nie was. Bald kommen ihre Eltern oder sonstige Verwandte, um sie abzuholen, und natürlich werden wir erst noch einen Tee zusammen trinken, bevor sie nach Hause fahren.«

Maren war froh, eine Beschäftigung zu haben. »Für wen ist der grüne Umschlag?«, fragte sie.

»Für dich natürlich. Du bist zwar kein Kind, aber ein lieber Gast.«

»Oh, und was bekomme ich? Einen Locher?«

Es tat gut, mit Aoife zu lachen. Maren ging auf die Veranda und war im Nu von einem Dutzend Kindern umringt, die ungeduldig nach ihren Umschläge griffen, sie aufrissen und sich mit den Fotos auf die Suche nach dem Versteck machten. Während die Kinder mit großem Gejohle davonstürmten, öffnete sie ihren eigenen Umschlag und fand darin das Bild eines Rhododendron-Busches. Sie entdeckte ihn in einer entfernten Ecke des Gartens und als sie davorstand, zwischen den Zweigen ein in Folie gewickeltes Buch: ›Gullivers Travels‹. Ein Märchenbuch? Nun, immerhin war dies ein Kindergeburtstag. Sie kannte den Film mit Jack Black und Emily Blunt, hatte aber nur die deutsche Übersetzung gelesen, nie das englische Original.

»Die ungekürzte Fassung. Wie passend«, vernahm sie Seans Stimme neben sich und sofort summte es wieder in ihrem Kopf – und anderswo. Was war nur los mit ihr?

»Nicht alles ist, wie es scheint. Wenn Sie mehr über Jonathan Swift wissen wollen, den scharfzüngigsten Satiriker, den unsere Insel hervorgebracht hat, fragen Sie mich einfach.

Ich kann Ihnen einiges erzählen. Oder zeigen. Wann immer Sie bereit sind.«

Er legte eine Hand auf ihre Schulter und strich mit der anderen über das Buch – und ihre Finger. Ihr Körper reagierte auf seine Berührung in einer Weise, die ihr so fremd war, dass sie keine Worte dafür fand. Dann beging sie den Fehler, Sean anzusehen. Wusste nicht mehr, was sie eigentlich hatte sagen wollen. Etwas Schnippisches, das ihr nun nicht mehr über die Zunge wollte. *Wann immer Sie bereit sind. Bereit wozu?*

»Eines Tages«, begann sie mit rauer Stimme, dann fühlte sie seine Lippen auf ihrem Mund. Weich zuerst, dann fordernd und genau so plötzlich löste er sich wieder von ihr, nahm seine Hand von ihrer Schulter und trat einen Schritt zurück.

»Ja, Maureen, eines Tages«, sagte er leise, drehte sich um und ging davon.

Sie sah ihm verärgert nach, entdeckte Elmer und Ciara, die ein paar Schritte entfernt standen, erst von ihr zu Sean schauten und dann sich anblickten.

»Magnete«, sagte Elmer zu Ciara und die nickte, zufrieden lächelnd.

Was sollte das jetzt wieder bedeuten? Und warum war sie so wütend? Weil Sean sie geküsst oder weil er viel zu schnell damit aufgehört hatte? Falls es überhaupt Wut war, was in ihrem Bauch loderte wie ein Buschfeuer.

Verdammter Sean McLeary!

Sie hätte ihm eine scheuern sollen.

8.

Leander

Maren brauchte fast den ganzen Montag, um die Achterbahn ihrer Gefühle unter Kontrolle zu bringen. Zusammen mit den anderen Erwachsenen war auch Brigid wieder aufgetaucht, um ihre kleine Nichte abzuholen. Hatte sich unverfroren auf Seans Schoß gesetzt und ihn mit Kuchen gefüttert. Ekelhaft.

»Sie kennen sich, seit sie Windeln trugen«, hatte Aoife gesagt, »waren unzertrennlich, bis ihre Familie nach England ging, da waren sie zwölf oder dreizehn. Als Sean aus Australien zurückkam und Brigid fast zeitgleich von Leeds nach Galway zog, haben wir gedacht, dass sie ein Paar werden würden, aber sie sind nur gute Freunde.«

Offenbar mit einigen Extras, dachte Maren, sagte aber nichts. Die Szene in der Küche war ja wohl eindeutig gewesen. Es sollte ihr nichts ausmachen. Es machte ihr nichts aus. Sie belog sich selbst. *Nicht alles ist, wie es scheint. Verdammt.*

Am Dienstag kam Sean kurz ins Büro, um die Unterlagen für seine nächsten beiden Touren abzuholen. Ihre unterschwellige Nervosität war überflüssig, er spielte wieder einmal den Chef und erwähnte den Vorfall im Garten mit keinem Wort. Auch schien er in Eile zu sein, fragte lediglich, ob sie zum Mittagessen bliebe.

»Nein, ich fahre gleich nach Limerick«, sagte sie.

»Dann viel Spaß mit Ihrem Freund, Maureen«, antwortete er knapp, fügte dann hinzu: »Passen Sie auf sich auf und kommen Sie heil wieder.«

Fast hätte sie »Leander is not my boyfriend« gesagt, konnte es sich aber gerade noch verkneifen. Ging ihn schließlich nichts an und vielleicht wäre es gelogen, wenn sie am Samstag wiederkam.

»Danke, das werde ich«, sagte sie nur.

In Galway hielt sie kurz an einer Tankstelle, füllte ihren Tank und kaufte eine Flasche Wasser und ein Sandwich für unterwegs. Der Verkehr auf der M 18 war im Vergleich zu deutschen Autobahnen eher spärlich, was sicher nicht an den Mautgebühren lag.

Nach nur anderthalb Stunden erreichte sie das Hunt Museum, in dessen Nähe das Hotel lag, in dem Leander ein Zimmer für sie reserviert hatte. ›The Boutique‹ verfügte über einen kleinen Wintergarten und einen geräumigen Pub, in dem es abends Live-Musik gab. In beiden konnte man auch essen, wie sie auf der Website gelesen hatte.

Leander war natürlich noch nicht da, würde erst gegen fünf Uhr mit seiner Besprechung im Language Center fertig sein. Um sechs wollten sie sich in der Lobby treffen und dann essen gehen. Er hatte ihr nicht gesagt, ob sie hierbleiben oder in ein anderes Restaurant gehen würden. Es war ihr egal, sie hatte sowieso keinen großen Hunger und noch immer das halbe Sandwich in der Tasche.

Ihr Zimmer war einfach: ein breites Bett, ein schmaler Schrank und ein Schreibtisch mit Fernseher, Wasserkocher, ein paar Teebeuteln und Tütchen mit Instantkaffee und Zucker. Ein winziges Bad mit enger Dusche und einem kleinen Waschbecken mit zwei Hähnen, einer für kaltes, der andere für heißes Wasser. Alles in allem völlig ausreichend, und sie würde ja nur eine Nacht darin verbringen. Allein, oder ...? Lieber nicht daran denken.

Und schon gar nicht an einen Rhododendron-Busch oder daran, dass manches anders sein konnte, als es auf den ersten Blick aussah.

Zwei Minuten vor sechs ging sie die Treppe hinunter zu der Lobby, die kaum größer war als ihr Zimmer und gerade genug Platz für einen Tresen und ein Regal mit Prospekten bot. Außer der Rezeptionistin hielt sich niemand hier auf.

»Ihr Begleiter erwartet Sie im Kaminzimmer«, sagte das Mädchen freundlich lächelnd. »Gleich hier um die Ecke und dann links.«

Maren bedankte sich und ging zu dem kleinen Raum, in dem sich drei runde Tische mit Sesseln befanden – und natürlich ein Kamin. Am Tisch direkt daneben saß ein älteres Ehepaar, die Köpfe über einen Prospekt geneigt. Der zweite, vor einer Kommode mit Kaffeemaschine und einer Auswahl an unterschiedlichen Tassen, war unbesetzt. Leander saß am dritten, der zwischen den beiden Fenstern stand. Er sprang auf, als er sie entdeckte und riss dabei beinahe das Tischchen um, bekam gerade noch die darauf stehende Teelicht-Laterne zu fassen, bevor sie auf den Boden fiel.

»Immer mit der Ruhe«, sagte Maren, »ich laufe nicht gleich wieder weg.«

Er streckte seine Arme aus, fasste aber nur nach ihren beiden Händen und hielt sie fest.

»Es ist so schön, dich zu sehen, Maren«, sagte er strahlend, machte dann doch noch einen Schritt auf sie zu und küsste sie flüchtig auf beide Wangen.

»Die Freude ist ganz meinerseits.« Und das war es wirklich.

Nach dem Essen wechselten sie vom Wintergarten in den Pub, tranken Guinness und unterbrachen ihre Unterhaltung nur, um der Band zu lauschen. Vor allem, wenn die Sängerin eine der melancholischen, irischen Balladen zum Besten gab – mit einer Stimme, die Gänsehaut verursachte. Dabei reichten allein die Texte aus, um einem die Tränen in die Augen zu treiben. ›Isle of Hope, Isle of Tears‹ zum Beispiel, das von der fünfzehnjährigen Annie Moore erzählte, der ersten Immigrantin auf Ellis Island. Oder ›Kilkelly‹, das die Briefe einer Mutter an ihren Sohn in Amerika zitiert – über Jahrzehnte hinweg, bis es schließlich die Schwester ist, die vom Tod der Mutter berichtet. Beide Lieder gehörten zu einem Medley, das sich auf die Auswanderungswelle nach der Großen Hungersnot Mitte des 19. Jahrhunderts bezog.

»Ich habe von der Kartoffelpest gelesen«, sagte Leander, »mir aber nie Gedanken darüber gemacht, was das für die Menschen bedeutete. Es muss schrecklich sein, wenn du nur die Wahl zwischen dem Hungertod und einer ungewissen Zukunft in einem fremden Land hast.«

»Wenn du es überhaupt lebend erreichst«, sagte Maren. »Viele sind auf der Überfahrt gestorben, weshalb man die Auswandererschiffe auch ›Coffin Ships‹ nennt. Am Fuß des Croagh Patrick steht eine Bronzeskulptur, ein Schiff, das ganz aus menschlichen Gerippen besteht. Obwohl das alles schon mehr als hundertfünfzig Jahre her ist, ist das Thema sehr präsent in Irland. An vielen Orten gibt es Hinweise darauf. In Form von Skulpturen, Gedenktafeln oder Wegstrecken, die einem der Hungermärsche folgen. Und es ist kaum zu glauben, dass die Engländer während der ganzen Zeit weiterhin fleißig sämtliches Getreide exportierten, wo schon ein kleiner Teil davon viele Iren vor dem Hungertod hätte bewahren können. Man kann verstehen, dass es immer wieder zu Aufständen kam, um die verhassten Unterdrücker loszuwerden. Der Nordirlandkonflikt ist im Grunde genommen ein Überrest davon. Aber ich will hier nicht den Oberlehrer spielen, entschuldige. Wenn ich davon anfange, finde ich nur schwer ein Ende.«

»Nein, ich finde das sehr interessant. Du kennst dich gut aus in der Geschichte deiner Wahlheimat.«

»Das Meiste habe ich von Elmer gelernt. Er hat einen schier unerschöpflichen Wissensschatz und ist ein ganz wundervoller Erzähler. Ein wahrer Shanachie.«

»Was ist ein Shanachie?«, fragte Leander.

»Vereinfacht ausgedrückt, mehr ein Erzähler der Geschichte als nur ein Geschichtenerzähler, obwohl beides zum Repertoire eines Shanachie gehört, ebenso wie Heldenlegenden, Lieder und die Verbreitung von aktuellen Nachrichten.«

»Also quasi ein Barde; sehr hochgeachtete Leute. Du magst deinen Chef. Du meinst doch Doyle?«, fragte Leander und Maren nickte. »Was ist mit dem anderen, McLeary? Er macht die Nordirland-Tour, nicht wahr?«

»Stimmt.« Sie konnte sich gerade noch verkneifen, *den mag ich nicht* zu sagen, was möglicherweise nicht ganz der Wahrheit entsprach. Sie dachte an den kurzen Moment, in dem Seans Lippen ihre berührt hatten, rief sich zur Ordnung und fügte hinzu: »Der kennt sich auch hervorragend aus, nicht nur in Nordirland.«

Was wiederum exakt zutraf, in mehr als einer Beziehung. Daran wollte sie erst recht nicht denken. Wollte sich ganz auf Leander konzentrieren, bei dem sie nicht ständig auf der Hut vor plötzlichen Übergriffen sein musste.

»Noch ein kleiner Absacker, bevor wir zu Bett gehen?«, fragte er und wurde tatsächlich rot. »Entschuldige, natürlich meinte ich das nicht so, wie es sich vielleicht angehört hat. Ich drücke mich manchmal etwas missverständlich aus, wenn es nicht um Paragraphen und Statistiken geht.«

»Schon in Ordnung«, sagte sie lachend. »Ich weiß, wie man Männer vor der Schlafzimmertür abwimmelt. Gegen einen Gin&Tonic hätte ich nichts einzuwenden.«

Auch nicht gegen den etwas mehr als freundschaftlichen Kuss vor ihrer Zimmertür. Der war durchaus angenehm. Sämtliche Schmetterlinge und Grillen, die möglicherweise in ihrem Bauch hausten, schienen jedoch schon im Tiefschlaf zu liegen.

»Gab es hier wirklich den allerersten Duty-free-Shop?«, fragte Leander, als er sich drei Tage später in der überschaubaren Abfertigungshalle des Shannon Airports umsah.

»Ja«, sagte Maren. »Außerdem wurde hier der Irish Coffee erfunden. Damals, also in den vierziger Jahren, hieß der Flughafen noch ›Foynes‹. Joe Sheridan, der Restaurantchef, hatte Mitleid mit ein paar Amerikanern, die durchgefroren auf den Start ihres Flugbootes warteten, der wegen schlechtem Wetter verschoben worden war. Also kippte er einen ordentlichen Schluck Whiskey in ihren Kaffee, und als einer der Gäste fragte, ob es brasilianischer Kaffee sei, sagte er: ›No, that's irish coffee‹. Und weil der bei den Passagieren so gut ankam, setzte er ihn kurzerhand auf die Karte. Zehn Jahre später wurde er in einem Lokal in San Francisco serviert, dem ›Buena Vista‹, das lange Zeit als Geburtsstätte des Irish Coffee galt. Leider hat Joe Sheridan sein Rezept nie patentieren lassen. Luck of the Irish.«

Leander küsste sie spontan auf beide Wangen. »Du bist unglaublich, weißt du das? Was du alles an Anekdoten aus dem Ärmel schüttelst! Schon was du in Bunratty erzählt hast – und alles ohne Spickzettel.«

»Über den Hessenpark könnte ich dir ebenso viel erzählen. Ich mag Geschichte, und wenn sie nicht lediglich aus trockenen Zahlen besteht, kann man sie sich viel leichter merken. Elmers Worte.«

»Ich hoffe sehr, dass du McLeary im Mai auf der Nordirland-Tour begleitest. Vielleicht können wir noch ein paar Urlaubstage dranhängen – nur wir beide, egal wo.«

Er nahm sie in die Arme, was sich gut anfühlte, und sie einer direkten Antwort enthob. Sie schmiegte sich an seinen muskulösen Körper und bot ihm ihre Lippen. Seine Küsse waren wie – sich an einem kalten Winterabend bei Kerzenlicht in einen Sessel vor dem Kamin kuscheln. Warm und besänftigend, weder heiß noch verstörend. Daran könnte sie sich durchaus gewöhnen.

Zu mehr war es zwischen ihnen nicht gekommen. Was sie ebenfalls gut fand.

9.

Belfast

Entgegen seiner Gewohnheit kam Sean zwischen seiner Dublin- und der Wexford-Tour für zwei Tage nach Spiddal. Weil er in Galway etwas zu erledigen hätte, wie er behauptete. Wohnte nicht diese Brigid in Galway?

»Und, Maureen, hast du schon mal geübt, wie es ist, Reiseleiterin zu sein? Hat es dir Spaß gemacht?«, fragte er mit lauerndem Blick.

»Das hat es in der Tat, Boss. Haben Sie Bedenken, dass ich meiner Rolle als Dolmetscherin nicht gewachsen bin? Dafür genügen schließlich Sprachkenntnisse und an denen bestand nie ein Zweifel.« Sie würde den Teufel tun und auf seine persönlichere Anrede eingehen. Immer schön förmlich bleiben.

»Du hast deinen Gast durch den Bunratty Folk Park geführt, wie ich hörte. War er zufrieden mit dem, was du ihm geboten hast? Nach einem Mittelalter-Dinner im Castle ist man ja gern ein wenig zügellos.«

»Das war leider schon ausgebucht.«

»Wie schade. Womit hast du ihn dann bei Laune gehalten?«

»Das geht Sie überhaupt nichts an, Mister McLeary! Schon mal was von Privatsphäre gehört? Wenn Sie mich jetzt bitte entschuldigen würden – ich habe zu tun.«

»Schon gut, kleine Kratzbürste, ich bin gleich wieder weg. Dann kannst du weiter von deinem deutschen Ritter träumen. Wie ich ebenfalls hörte, mag er rassige Pferde. Oder waren es rossige Stuten?«

»Ihre Schwester ist eine Plaudertasche. Ich muss mal ein ernstes Wort mit ihr reden.« Sie hatte selbst schon viel zu viel gesagt.

Er hob ergeben die Hände, grinste und stand auf. »Ich wünsche dir auch noch einen schönen Tag, Maureen.« Sprach's und verließ leise pfeifend das Büro.

Am Abend riss sie in letzter Sekunde an der Einfahrt zur O'Brian-Farm das Lenkrad herum und stürmte ins Gewächshaus. Sie musste jemand Außenstehendem von Seans Auftritt erzählen, einfach, um sich Luft zu verschaffen.

»Sean ist eifersüchtig«, sagte Moira nur und Maren fragte sich, ob sie dabei mit den Schultern zuckte oder lediglich eine Tomatenpflanze aus dem Hochbeet zog, bevor sie sich zu ihr umdrehte.

»So ein Quatsch. Er hat schließlich einen ganzen Harem williger Frauen. Es macht ihm einfach nur Spaß, mich auf die Palme zu bringen.«

»Das eine hat mit dem anderen nichts zu tun. Auch Casanova war nicht immun gegen tiefere Gefühle. Sean hat zwar einen gewissen Ruf, aber glaub nicht alles, was du über ihn hörst. Manches an ihm ist reine Fassade.«

Maren sah Moira überrascht an. »Woher weißt du das? Ich dachte, du kennst ihn kaum.«

»Nun, man hört so Einiges. Du weißt ja, wie redselig wir Iren sind. Abgesehen von Anton natürlich. Der spricht nur, wenn er etwas zu sagen hat.« Moira ließ sich nicht dazu hinreißen, mehr zum Thema Sean McLeary preiszugeben.

»Finde es selbst heraus«, sagte sie nur.

Das wiederum war schwierig, denn er ließ sich den ganzen April und den halben Mai nicht mehr blicken. Nicht, dass Maren sonderlich erpicht darauf gewesen wäre. Sie hatte nicht einmal ›Gullivers Travels‹ gelesen, gerade so viel, um festzustellen, dass es sich um eine bitterböse Politsatire handelte, die zu einem harmlosen Kinderbuch verstümmelt worden war. *Nicht alles ist, wie es scheint.*

Die Erinnerung an den Rhododendronbusch war ihr höchst unwillkommen, aber hartnäckig wie eine Schmeißfliege schwirrte sie ihr immer wieder durch den Kopf.

Um sich abzulenken, stöberte sie im Internet, fand Jonathan Swifts ›A modest Proposal‹, das noch extremer war als ›Gullivers Reisen‹.

Dieser ›bescheidene Vorschlag‹ bestand darin, dass die Armen, namentlich katholische Bettler und Pächter (also Iren), ihre Kinder, am besten im Alter von einem Jahr, als exklusive Speise an Großgrundbesitzer, englische Aristokraten und Restaurantbetreiber verkaufen sollten. Das enthöbe die Iren ihrer unerfüllbaren Pflicht, ihren Nachwuchs nach dem Abstillen ernähren und kleiden zu müssen, und gleiche den im Königreich herrschenden Mangel an Wild- und Schweinefleisch aus. Auch eigne sich die Haut dieser Kinder hervorragend zur Herstellung feiner Handschuhe und Stiefel.

Kein Wunder, dass die englische Krone ein Kopfgeld für den Dekan der St. Patrick's Cathedral in Dublin ausgesetzt hatte. Und dass dieser seine Schriften unter mehreren Pseudonymen veröffentlicht hatte.

Sie schickte Leander den Link mit der Anmerkung:

Vielleicht verstehst du dadurch etwas besser, warum die Iren es trotz so vieler gescheiterter Aufstände nie aufgegeben haben, sich von der englischen Herrschaft zu befreien.
Die ›Troubles‹ als Religionskrieg zu bezeichnen ist in etwa so zutreffend, wie ›Gullivers Reisen‹ für ein reines Märchenbuch zu halten.

Sie diskutierten darüber, aber Leanders immer wiederkehrende Frage, ob sie die Nordirland-Tour begleiten würde, konnte sie nicht beantworten. Zumindest bestand keine Notwendigkeit dafür, da die Schwarzwälder Gruppe ihren eigenen Dolmetscher mitbrachte. Außerdem war sie nicht sonderlich erpicht darauf, mit Leander *und* Sean McLeary in einem Bus zu sitzen, was sie jedoch nicht erwähnte. Sie versprach aber, Leander nach der Tour in Dublin zu treffen, wo er auf den Spuren von James Joyce wandeln wollte. Auf seinen Vorschlag antwortete sie:

Der Bloomsday ist aber erst am 16. Juni und ich konnte mich nie für ›Ulysses‹ begeistern. Aber ich kann dich natürlich gern zu Sweeney's Pharmacie führen und in ein paar einschlägige Pubs, wenn du das möchtest.

Prompt kam seine Antwort:

Was ich vor allem möchte, ist Zeit mit dir verbringen, auch wenn es wieder nur vier Tage sind. Ich vermisse dich.
Leander

Sie starrte so lange auf die Smileys, bis der Bildschirm schwarz wurde und sich ihr Gesicht darin spiegelte. Das ein verträumtes Lächeln zeigte. Ob es auch diesmal bei zärtlichen Küssen bleiben würde? Wahrscheinlich nicht. Zumindest, wenn es nach ihr ging.

Drei Tage vor Beginn der Tour kam eine Mail aus dem Schwarzwald. Der Dolmetscher hätte überraschend aus familiären Gründen absagen müssen, und wenn sie so kurzfristig noch von Doyle & McLeary's Angebot Gebrauch machen dürften, seien sie gern bereit, den Aufpreis zu zahlen.

Nach Rücksprache mit Ciara schrieb sie zurück, dass Doyle & McLeary dieser Bitte entsprechen könnten und auf eine Extrazahlung verzichteten. Der gesamte Reisepreis sei ja bereits überwiesen und die Kosten für den Dolmetscher, namentlich Maren Lang, wären mit den nicht genutzten Leistungen ausgeglichen.

»Um es in deinen Worten auszudrücken«, meinte Ciara später, »bringt uns langfristige Kundenbindung mehr als ein einmaliger Gewinn. Und wenn ich das richtig sehe, bleibt unterm Strich trotzdem etwas übrig. Ich rufe gleich Sean an und sag ihm Bescheid, dass er dich abholen soll. Dann hat er wenigstens einen Grund, sich endlich mal wieder hier sehen zu lassen.«

»Ich kann selbst nach Belfast fahren«, wehrte Maren ab, der erst jetzt bewusst wurde, dass ihr genau das bevorstand, was sie hatte vermeiden wollen: Acht ganze Tage mit zwei Männern, von denen der eine ihre Seele berührte und der andere ihre Sinne in Wallung brachte. Leider immer noch, wie sie sich eingestehen musste. »Das wäre mir sogar lieber, weil Leander und ich hinterher nicht an Dublin gebunden wären. Wir könnten dann auch nach Newgrange fahren und zum Hill of Tara. Außerdem muss er dann nicht den Zug von Belfast nach Dublin nehmen.«

»Richtig, ich hatte schon wieder vergessen, dass dein Freund auch an der Tour teilnimmt. Lee ist doch dein Freund, oder?«

»Wir sind nicht … also wir haben noch nicht … ach, was soll's. Ja, ich glaube, er ist mein Freund. Ich mag ihn sehr, und er mich auch. Aber das hat natürlich keinen Einfluss auf meinen ersten Praxiseinsatz.«

»Das habe ich auch nicht angenommen. Sei trotzdem vorsichtig.« Auf Marens fragenden Blick fügte Ciara hinzu: »Wegen dem ›noch nicht‹, Liebes.«

Maren hatte das unbestimmte Gefühl, dass Ciara nicht von Verhütung sprach. Darauf war sie vorbereitet. Vorsichtshalber. Weil sie Gummis allein nicht traute. Falls Leander überhaupt welche dabeihatte. Bei Sean gehörten die sicher zur Standardausrüstung.

In der Nacht träumte sie von Leander, der plötzlich mit Seans Stimme sagte: »Reitest du auch gern ohne Sattel, Maureen? Du kannst schon mal aufsitzen, ich bin bereit.« Und sie hatte sich, ohne zu zögern, auf seiner (wessen?) Erektion niedergelassen.

Am nächsten Morgen wachte sie mit verräterischer Nässe zwischen den Beinen in ihrem zerwühlten Bett auf. Wenn sie sich so wenig unter Kontrolle hatte, sollte sie vielleicht besser absagen. *Unsinn, das war nur ein Traum, der nichts weiter zu bedeuten hat, als dass ich verdammt lange mit keinem Mann geschlafen habe,* sagte sie sich. *Und wenn ich nicht nach Belfast fahre, ergibt sich in nächster Zeit auch keine Gelegenheit dazu.* Denn was immer sie sich als Ausrede einfallen ließ, würde wahrscheinlich auch verhindern, dass sie nach Dublin fuhr.

Sean McLeary hat keine Macht über meine Entscheidungen. Das sollte ihr neues Mantra sein.

Sie setzte sich an ihren Laptop und schrieb eine Mail an Leander, teilte ihm mit, dass sie sich schon früher sehen würden als geplant, und länger. Dass sie sich darauf freute und noch eine weitere Überraschung für ihn hätte. Stellte sich vor, wie er abends in ihr Zimmer kam … dann löschte sie die Mail, ohne sie abzusenden.

Kurz darauf rief Ciara an und sagte, sie hätte mit Sean gesprochen und er wolle, dass sie ihn am Freitagnachmittag im Hotel träfe, damit sie sich abstimmen könnten.

»Was gibt es da groß abzustimmen? Ich übersetze nur, was er erzählt, zu welchem Thema auch immer. Der Flieger landet um halb eins, ich brauche höchstens vier Stunden bis Belfast, also reicht es doch, wenn ich am Samstagmorgen um acht hier losfahre. Außerdem sind die Hotelzimmer erst ab Samstag reserviert.«

»Wo hast du das denn her? Egal, welche Strecke du fährst, du brauchst mindestens fünf Stunden, eher mehr, falls der Verkehr ab der Grenze zu County Armagh nicht reibungslos läuft, womit immer zu rechnen ist. Vom Stadtverkehr in Belfast will ich gar nicht erst anfangen. Dann müsst ihr noch vom Hotel zum Flughafen fahren und einen Parkplatz finden. Das dauert alles in allem locker eine halbe Stunde, auch wenn der George-Best-City-Airport nur eine Viertelstunde vom Zentrum entfernt ist. Wann willst du also fahren – um fünf Uhr morgens? Dann hast du aber einen verdammt langen Tag. Zier dich nicht, Sean hat bereits ein Bett für dich, meine Liebe.«

»Ach ja? Hoffentlich nicht in seinem Zimmer.«

»Natürlich nicht. Pack deinen Koffer und fahr meinetwegen um acht los. Morgen, nicht erst am Samstag. Die Hoteladresse hast du?«

»Ja, klar.«

»Dann viel Spaß – auch in Dublin. Wir sehen uns übernächste Woche.«

So viel zu ›*Sean McLeary hat keine Macht über meine Entscheidungen*‹. Das fing ja gut an.

Sie brauchte sechs Stunden, allein zwei für die letzten neunzig Kilometer ab der Grenze. Freitag eben. Auch wenn der Wochenendverkehr in Nordirland nicht ganz so drastisch war, wie sie ihn rund um Frankfurt kannte. Das rechtfertigte allemal ihre frühere Anreise. Wie sie wusste, verfügte das Hotel über keine eigene Tiefgarage, aber es gab ein Parkhaus um die Ecke, nur dreihundert Meter entfernt. Die Gebühren wurden über das Hotel abgerechnet.

Die Lobby war wesentlich geräumiger als in dem Hotel in Limerick, es standen sogar einige Zweiersofas darin. Alle unbesetzt. Sie trat an die Rezeption und sagte dem jungen Mann dahinter, dass es eine Reservierung über Doyle & McLeary für sie gäbe.

»Oh ja, willkommen in Belfast, Miss Lang«, begrüßte er sie und griff nach dem Telefon. »Ich sage gleich Ihrem Chef Bescheid.«

Sie verkniff sich, ihn darauf hinzuweisen, dass es Mistress heißen musste und Lang, nicht Läng. Der Junge wusste es sicher nicht besser.

»Hi Sean«, hörte sie ihn dann sagen. »Deine Braut ist hier. Ja, ist gut.«

Wie bitte? Das geht jetzt entschieden zu weit! Hatte er wirklich ›your bride‹ gesagt? Oder vielleicht doch ›your guide‹? Maren bemühte sich um einen neutralen Gesichtsausdruck.

»Er kommt gleich runter. Wenn Sie schon mal die Anmeldung ausfüllen wollen?« Er reichte ihr einen Zettel und einen Kugelschreiber. »Sie haben Zimmer 138, direkt neben Sean. Wir achten immer darauf, dass die Guides benachbarte Zimmer haben, nach Möglichkeit mit Verbindungstür. Das macht alles einfacher.«

Ja klar, sehr einfach. Was auch immer.

»Leider hat das diesmal nicht geklappt, weil Sie heute schon angekommen sind und das ursprünglich vorgesehene Zimmer noch belegt ist.«

»Das macht überhaupt nichts – Patrick«, versicherte sie nach einem Blick auf sein Namensschild. »Bei einer so kurzfristigen Buchung wären Zimmer an entgegengesetzten Enden derselben Etage schon Komfort genug gewesen.«

Wobei sie verschiedene Stockwerke bevorzugt hätte. *Vier Nächte Wand an Wand mit Sean McLeary sind auch ohne Verbindungstür schlimm genug.* Sie reichte Patrick das ausgefüllte Formular und nahm die Schlüsselkarte entgegen.

»Die brauchen Sie außer für Ihr Zimmer auch für die Eingangstür ab elf Uhr abends«, erklärte er. »Und für den Lift.«

Der öffnete sich gerade und Sean McLeary kam breit grinsend auf sie zu, legte seine Hände auf ihre Schultern. Gänsehaut. Von den Haarspitzen bis zu den Fußsohlen. Dazu dieser Duft nach Heu und Leder.

»Schön, dass du es geschafft hast, Maureen. Wie war die Fahrt?«

»Danke. Du siehst ja, dass ich in einem Stück vor dir stehe.« Die vertrauliche Anrede wählte sie nur Patricks wegen. War gar nicht mal so schlimm. Sie bückte sich nach ihrem Koffer, was nicht nötig gewesen wäre, weil der Griff noch ausgezogen war, aber so konnte sie wenigstens seine Hände abschütteln.

»Na, dann komm. Ich bring dich rasch hoch. Hinterher können wir einen Kaffee trinken gehen.«

Konnte er eigentlich auch anders als zweideutig? Ihren Blutdruck hatte er schon hochgebracht. Und was das ›hinterher‹ betraf …

Die Liftkabine war zwar nicht sehr eng, aber bei weitem nicht groß genug. Sie stellte demonstrativ ihren Koffer zwischen sich und ihn. Längs.

»Maureen, Maureen«, murmelte er kopfschüttelnd. »Du siehst ein klein wenig derangiert aus. Vielleicht möchtest du dich lieber erst mal hinlegen?«

»Das möchte ich garantiert nicht, Mister McLeary, Boss. Geben Sie sich bloß keine Mühe.«

»Es bereitet mir nicht die geringste Mühe, mich um die Bedürfnisse meiner Angestellten zu kümmern.« Sean steckte die Hände in die Hosentaschen.

»Das glaube ich sogar. Und mir macht es keine Umstände, darauf zu verzichten.«

Endlich öffneten sich die Lifttüren. »Hier entlang, bitte.« Sean trat auf den Gang und deutete nach rechts. »Gleich die dritte Tür. Damit der Fluchtweg nicht so lang ist«, sagte er augenzwinkernd. »Allerdings musst du erst einmal an meiner Tür vorbei, in beide Richtungen. Ich habe One-Four-Love. Schade, dass One-Four-Two noch nicht frei ist. Aber so sollte es auch gehen, nicht wahr?«

142 war direkt neben dem Lift und wohl das Zimmer mit der Verbindungstür zu 140. Natürlich sagte er nicht ›One-Forty‹, das war ihm nicht eindeutig genug. ›Eins für Zwei‹ schon. *Du kannst mich mal, Sean McLeary!* Das wiederum hätte er wohl gern.

Maren schob die Schlüsselkarte in den Schlitz und drückte die Tür auf. Rechts ging es ins Bad, links stand ein Schrank, dahinter ein Schreibtisch mit Flachbildfernseher gegenüber dem King-Size-Bett, und vor dem Fenster war sogar noch Platz für einen kleinen Tisch und einen Sessel. Hübsch. Sie legte ihren Koffer auf die Ablage neben dem Schreibtisch. Die Zimmertür hatte sich automatisch geschlossen, Sean lehnte mit verschränkten Armen an der Wand neben der Badezimmertür und ließ seinen Blick von ihren Füßen aufwärts über ihren Körper schweifen. Verweilte bei ihren Augen.

»Darf ich dir beim Auspacken helfen?« Es war klar, dass er nicht den Koffer meinte, den würdigte er keines Blickes. Das Bett schon eher, aber das stand ja auch hinter ihr.

»Herzlichen Dank, das schaffe ich allein. Ich klopfe bei Ihnen, wenn ich soweit bin.« *Blöde Wortwahl.*

»Wozu denn, ich bin doch hier.«

»Ja eben. Es wäre mir aber lieber …« Sie wedelte auffordernd mit den Händen.

»Ach so. Ich dachte, wo wir beide schon mal …«

»Sie denken zuviel, Boss«, unterbrach sie ihn hastig.

»Ich kann sofort damit aufhören.«

Na klar, zwangsläufig, weil das Blut im Hirn anderswo gebraucht wird. Sie sah ihn nur schweigend an.

»Na gut, dann warte ich nebenan. One-Four-Love«, fügte er nach einer winzigen Pause überflüssigerweise hinzu.

Als sich die Tür hinter ihm geschlossen hatte, ließ Maren sich auf das Bett sinken. Es war genau, wie sie befürchtet hatte. Wenn nicht noch schlimmer. Es half auch nicht, an Leander zu denken, daran, dass er morgen hier sein würde, erst recht nicht, was sie mit ihm vorhatte. Überraschung. Wie würde er reagieren, wenn er sie sah?

Es waren nicht einmal Seans anzügliche Bemerkungen, die ihr die Fassung raubten. Es war schlicht die Berührung seiner Hände, die sie jetzt noch auf ihren Schultern spürte, als hätte er durch Jacke und Bluse hindurch sein Brandzeichen auf ihrer nackten Haut hinterlassen. Dabei kam die Erinnerung an einen gestohlenen Kuss auf, der schon zwei Monate zurücklag, den sie aber beim schieren Anblick seines Mundes auf ihren Lippen fühlte, als sei es erst gestern gewesen. Nicht zuletzt die an ihren Traum. ›Du kannst schon mal aufsitzen, Maureen, ich bin bereit‹. *Gott im Himmel!*

Sie hätte ihren Frust gern hinausgeschrien, aber dann käme er garantiert angerannt. Die Wände waren so dünn, dass sie ihn nebenan pfeifen hörte: ›You can leave your hat on‹. *Wovon träumt der eigentlich nachts?*

Vielleicht war es genau das, was sie brauchte, um sich wieder zu beruhigen. Zehn Minuten später hatte sie ihren Kulturbeutel auf die Ablage im Bad gestellt und ihre Blusen auf Bügel in den Schrank gehängt. Ebenso die Stoffhose, die sie eingepackt hatte, falls Leander und sie in Dublin ins Theater gehen wollten. Der knitterfreie Rest konnte getrost im Koffer bleiben, bis sie am Dienstag zur Nordküste aufbrachen.

Sie steckte die Schlüsselkarte in ihre Handtasche, verließ ihr Zimmer und klopfte an seine Tür. Es dauerte eine geschlagene Minute, bis er öffnete. Statt des T-Shirts trug er ein frisches Hemd, nur halb zugeknöpft.

»Das ging aber schnell«, sagte er. »Hast du etwa Sehnsucht nach mir gehabt?«

»Dein Angebot war allzu verlockend, Sean, wie könnte ich da widerstehen? Mein Koffeinpegel ist im Keller.« Was er konnte, konnte sie schon lange. »Wir werden doch nicht zu weit gehen, oder?«, setzte sie noch einen drauf. Sie beobachtete sein Mienenspiel, das von erstaunt über siegessicher zu ernüchtert wechselte.

Er knöpfte sein Hemd zu, ließ aber die zwei oberen Knöpfe offen. »Schaffst du fünfhundert Meter oder muss ich dich tragen?« Dann schlüpfte er in seine Lederjacke und sie trat hastig einen Schritt zurück, als er auf sie zukam und seine Schlüsselkarte an sich nahm.

»Das werde ich gerade noch schaffen, ich bin zäh.«

»Anscheinend«, stimmte er mürrisch zu.

»Frustriert?«, fragte sie, als sie vor dem Lift standen.

»Fordere mich nicht heraus, Maureen«, sagte er nur und ließ ihr den Vortritt. Blieb in der gegenüberliegenden Ecke stehen, mit dem größtmöglichen Abstand zu ihr. Dabei war sie auf Abwehr programmiert – die nun nicht zum Einsatz kam.

Sean verstand die Welt nicht mehr. Er hatte sie doch schon fast soweit gehabt. Die Anzeichen konnte er nicht falsch gedeutet haben, ihr leicht flackernder Blick, die angespannte Körperhaltung; sie hatte ebenso vibriert wie auf Finns Geburtstagsfeier, als er sie – nur beinahe – in seinen Armen gehalten hatte. Und kaum überließ er sie ein paar Minuten sich selbst, war sie völlig verwandelt, drehte den Spieß um und spielte sein Spiel. Nun, das konnte sie haben. Feuer und Eis. Er zweifelte nicht daran, am Ende der Sieger zu sein. Bis jetzt hatte er noch jede herumgekriegt, die er haben wollte.

Bis jetzt. Stimmte etwas nicht mit seiner Anziehungskraft auf den weiblichen Teil der Menschheit? Darauf hatte er sich immer verlassen können. Der Kuss im Garten – ungeplant, ganz entgegen seiner sonstigen Gewohnheit. Jetzt musste er ihre Lippen nur ansehen, um ihren Geschmack auf seiner Zunge zu fühlen. Das war neu, verwirrte ihn. Aber Maureen war in jenem Moment völlig hilflos gewesen und wenn sie unbeobachtet gewesen wären …

Er hatte sich extra die Mühe gemacht, Norbert anzurufen, den er bereits von anderen Touren kannte, ihn gebeten, seine Teilnahme abzusagen und versprochen, ihm bei nächster Gelegenheit einen Gefallen zu erweisen. »Sag, deine Großmutter ist gestorben oder dein Hund hat Masern«, hatte er vorgeschlagen, worauf Norbert meinte, seine Oma sei schon vor dreißig Jahren gestorben und einen Hund hätte er nie gehabt.

»Billig wird das aber nicht, McLeary«, hatte er hinzugefügt. Es war ihm egal, Hauptsache, seine Schattenelfe musste für Norbert einspringen. Elmer hatte ihm zu verstehen gegeben, dass sich zwischen Maureen und dem Paragraphenreiter etwas anbahnte und Ciara hatte durchblicken lassen, es sei noch nicht zu spät, ihm aber geraten, sich herauszuhalten, oder besser gesagt, gedroht, falls er es nicht wirklich ernst meinte. Tat er das? Jedenfalls konnte er nicht zulassen, dass dieser Deutsche sie ihm vor der Nase wegschnappte. Der sollte bei seinen vierbeinigen Pferden bleiben, Maureen würde er jedenfalls nicht einreiten. Das war allein Sean McLearys Angelegenheit.

Allerdings war sie keine so leichte Beute wie die meisten Frauen, die seinen Weg kreuzten und ihre Spuren in seinem Bett hinterließen – sonst nirgends. Und möglicherweise könnte sie ihm tatsächlich gefährlich werden, wenn er nicht höllisch aufpasste. *Let's play the game.*

In dem Bistro, in das er sie führte, und wo es auch kleine Snacks gab, benahm er sich distanziert. Sprach sachlich über den Ablauf der Tour, weniger die einzelnen Stationen, die kannte sie ja, als über kleine Besonderheiten.

»Im Titanic-Center überlassen wir die Leute sich selbst. Dort gibt es Audioguides, die alles erschöpfend erklären, natürlich auch auf Deutsch. Das bedeutet, dass du etwa drei Stunden frei hast und machen kannst, was du willst. Du kannst dir das Trockendock anschauen oder das Pumpenhaus, dich ins Café setzen, was auch immer. Außer dem Titanic-Center selbst und dem Außengelände gibt es nur noch ein Kongresszentrum, aber das ist uninteressant. Im Stormont habe ich ein Treffen mit einem Sinn-Fein-Abgeordneten vereinbart. Unsere Gäste dürfen selbst entscheiden, welches Thema sie mehr interessiert, der heruntergewirtschaftete National Health Service, dem der Brexit den endgültigen Todesstoß versetzen könnte, Details zum Backstopp oder das Ringen um die Legalisierung von Abtreibungen. Du übersetzt Fragen und Antworten.«

»Abtreibung ist doch in Großbritannien bereits seit Ende der sechziger Jahre legalisiert.«

»Nur in England, Schottland und Wales. Nordirland hat sich der Gesetzesänderung nie angeschlossen. Jede Nordirin kann, obwohl sie britische Staatsbürgerin ist, in ihrer Heimatprovinz vor Gericht gestellt werden. Etliche

Abgeordnete in Westminster haben an Theresa May appelliert, von ihrem Weisungsrecht Gebrauch zu machen, aber sie besteht darauf, das sei Aufgabe des Parlaments in Belfast. Seit im Januar 2017 die Koalition zwischen DUP (Democratic Unionist Party) und Sinn Fein zerbrochen ist, gibt es praktisch keine Regierung mehr. Daher gleichen die Parlamentssitzungen im Stormont eher Teepartys. Noch einen Kaffee?«

Sie nickte. War jetzt völlig entspannt. Gut so, schließlich wollte er ihr beweisen, dass er auch anders konnte. Sean winkte der Bedienung, bestellte Kaffee und schäkerte ein wenig mit dem Mädchen. Nur so, um nicht aus der Übung zu kommen. Und um Maureens Reaktion darauf zu beobachten. Sie tat gleichgültig. Hm.

Er wiederum ignorierte das eindeutig interessierte Gebaren der Kellnerin, schenkte ihr dennoch ein strahlendes Lächeln, ganz automatisch. Als sie mit wiegenden Hüften zur Theke ging, trug er übergangslos seine professionelle Maske zur Schau. »Dann werden wir für zwanzig oder dreißig Minuten einer Parlamentsdebatte beiwohnen, allerdings ist dabei absolutes Schweigen angesagt. Du kannst unseren Gästen erst hinterher erzählen, worum es ging. Hast du noch Fragen?«

Wieder nickte sie. »Muss ich eigentlich ›Katholiken und Protestanten‹ sagen, oder sollte ich besser von Republikanern und Unionisten sprechen? Viele meiner Landsleute sind nämlich überzeugt, bei den ›Troubles‹ hätte es sich um einen Religionskrieg gehandelt, was ja völlig falsch ist.«

»Das kannst du, wenn du den militärischen Aspekt betonen willst. Du kannst sie auch ›Nationalisten und Loyalisten‹ nennen, was eher der politischen Ebene entspricht. Ich werde auf alle Bezeichnungen hinweisen und je nach Thema die eine oder die andere verwenden.«

Wieder ließ er die Kellnerin seinen Charme spüren, als sie eine Tasse Kaffee und ein Kännchen Tee auf den Tisch stellte und sich dabei weiter als nötig vorbeugte. Na also, es funktionierte noch. Sie war süß – und willig. Eigentlich schade, dass sie ihn so gar nicht interessierte. Er schenkte sich eine Tasse Tee ein, gab Zucker dazu und rührte langsam um, beobachtete Maureen durch seine Wimpern. Sie sah aus dem Fenster.

Er räusperte sich, sagte: »Ich habe beschlossen, auf dem Weg zur Nordküste einen Abstecher zur Corrymeela Community zu machen, einschließlich Mittagspause etwa zwei Stunden. Wenn wir nur einen kurzen Stopp in Carrickfergus einlegen, können wir die Küstenstraße entlangfahren. Das dauert etwa anderthalb Stunden, landschaftlich eine Augenweide. Ich habe heute Morgen mit Angus gesprochen, dem Leiter der Einrichtung. Er sagt, es ist kein Problem, den Hammeleintopf zu strecken.«

»Was ist Corrymeela? Das steht nicht auf dem Programm.«

»Weil es kein festes Ziel ist. Die Bewohner der Community wechseln ständig, und manchmal sind nur Angus und seine Frau da, die sich um die Tiere und den Gemüsegarten kümmern. Ähnlich wie die Conway Mill dient diese

Einrichtung dem Friedensprozess, nicht nur in Nordirland. Menschen jedes Alters, Konfession und Nationalität finden dort Zuflucht oder beteiligen sich an verschiedenen Programmen. Das müsste deinem – Freund doch gefallen, nicht wahr? Ganz im Sinne politischer Bildung.« Er bedachte sie mit einem schiefen Grinsen, sah ihre Augen aufleuchten. Leider nicht seinetwegen.

»Oh ja, das ist eine hervorragende Idee, Leander wird begeistert sein. Wir sollten Corrymeela auf unserer Website erwähnen, nur als optionales Ziel. Vielleicht können wir dann auch Karlsruhe davon überzeugen, uns eine Zulassung zu geben. Die tun sich noch etwas schwer, obwohl ich ihnen ein ganzes Paket Unterlagen geschickt habe.«

»Na dann. Möchtest du noch einen Spaziergang über die Great Victoria Street machen, oder bist du zu müde für weitere Aktivitäten? Wir könnten auch im ältesten Pub Belfasts, ›The Crown‹, ein Guinness trinken. Es liegt auf dem Weg zum Hotel.«

»Danke, ich gehe lieber gleich ins Bett.«

»Dann begleite ich dich natürlich gern dorthin.«

»Das ist wirklich nicht nötig, Boss. Vielleicht hat die süße Kellnerin bald Feierabend.«

Jetzt war er doch noch aus seiner Rolle gefallen, aber es war auch zu verlockend gewesen. Hatte sie absichtlich ›Bett‹ statt ›Hotel‹ gesagt?

Statt mit der kleinen Kellnerin sah er sich mit seiner Schattenelfe in der Liftkabine, wie er sie in eine Ecke drängte, ihren Kopf mit seinen Händen umfasste und seinen Mund auf ihre Lippen presste, sie mit seiner Zunge öffnete. Konnte förmlich ihre Hände auf seinem Rücken spüren, wie sie zu seinem Po hinunterglitten und … verdammt. Er sollte jetzt besser nicht aufstehen.

10.

The Crown

Nach und nach trudelten die Passagiere des Aer-Lingus-Fluges aus London ein, rollten ihre Koffer durch die automatischen Türen und um die Absperrung herum, hinter der Sean und Maren standen. Rechts und links von ihnen hielten andere Abholer Schilder mit Namen von Busunternehmen oder Hotels hoch. Sean hatte kein Schild mitgebracht; er kannte die Gruppe von der letztjährigen Wexford-Tour, es waren nur zwei oder drei Neue dazugekommen. Und natürlich Leander. Sie war gespannt auf seinen Gesichtsausdruck, wenn er sie entdeckte.

Sean begrüßte die Gäste mit Handschlag oder Umarmung, ein oder zwei Mal sogar mit Wangenküsschen. Stellte ihnen Maren vor, natürlich als: »Maureen, our Interpreter.«

Sie schüttelte Hände, sagte ein ums andere Mal: »Maren, herzlich willkommen in Belfast«, ließ dabei aber nie die Tür aus den Augen.

Und da war er, blieb abrupt stehen, als er sie erblickte. Wurde natürlich von nachfolgenden Passagieren angerempelt und stolperte über seine Reisetasche, die ihm aus den Händen geglitten war. Konnte sich gerade noch abfangen.

Gut, schließlich muss er nicht vor allen Leuten vor mir auf die Knie fallen, dafür ist später noch Zeit, dachte Maren, während sie ihn anstrahlte. Er fasste hastig nach den Griffen seiner Reisetasche und eilte um die Absperrung herum. Blieb eine Sekunde stehen, sagte: »Maren. Das ist ja eine Überraschung«, ließ die Tasche fallen und zog sie in seine Arme. Küsste sie. Hätte es wahrscheinlich noch länger getan, wenn Sean, der neben ihr stand, sich nicht vehement geräuspert hätte. Widerwillig löste sie sich von Leanders Lippen und aus seinen Armen.

»Darf ich vorstellen«, sagte sie dann in sachlichem Tonfall, »Sean McLeary – Leander Berger.«

»Nice to meet you.« Sean schüttelte mit finsterem Blick Leanders Hand.

»Das Vergnügen ist ganz auf meiner Seite, Mister McLeary«, sagte Leander und fügte etwas leiser hinzu: »Sie haben einen sehr kräftigen Händedruck.«

»Für jemanden, der im Vergleich zu Ihnen eher schmächtig wirkt? Ja, das kann täuschen«, sagte Sean frostig und fuhr übertrieben freundlich fort: »Wir Iren haben eine sehr lange Tradition im Zupacken. Selbst wenn wir nicht immer alles festhalten konnten, was von Rechts wegen uns gehört, geben wir doch nie auf. Wie Sie in den nächsten Tagen zweifellos feststellen werden.«

Das kann ja heiter werden, dachte Maren, ließ sich aber nichts anmerken, weil Leander Seans Worte offenbar nicht als die Kampfansage verstand, die es war (falls sie sich nicht sehr täuschte), sondern sie rein auf das Thema der Reise bezog, denn er sagte: »Ich freue mich darauf, mehr über die politischen Verhältnisse in Irland – und Nordirland natürlich – zu erfahren.«

Nachdem sich auch die letzten beiden Gäste zur Gruppe gesellt hatten, gingen sie gemeinsam zum Busparkplatz. Sean vorweg, Maren bildete mit Leander, der ihr natürlich nicht von der Seite wich, den Abschluss. So hatte Sean es beim Frühstück angeordnet, damit ihnen niemand abhanden kam.

Bei der Gelegenheit hatte er ihr auch ein Mobiltelefon gegeben, ein altes Modell, kein Smartphone. Wie sein eigenes, ebenso vorsintflutliches Handy diente es nur dem Zweck, jederzeit und überall für ihre Gäste erreichbar zu ein, falls diese Hilfe brauchten. Auch deren Nummern waren eingespeichert. Falls doch einmal jemand verloren gehen sollte.

»Du denkst wirklich an alles«, hatte sie anerkennend gesagt.

»Gehört zum üblichen Service von Doyle & McLeary, den unsere Kunden so sehr schätzen. Meine Nummer findest du unter der Kurzwahl 0, damit du nicht lange suchen musst, wenn du *mich* brauchst.«

Natürlich hatte er ›Love‹ gesagt, nicht ›Zero‹ und süffisant gegrinst. Ihr hatte ›sind wir hier auf dem Tennisplatz, oder was?‹ auf der Zunge gelegen, aber sie hatte die Zähne zusammengebissen und geschwiegen.

Sean stellte sich mit Blick zu den Gästen zwischen den Fahrer- und Kommentatorsitz, drückte Maren das Mikrofon in die Hand und hieß alle noch einmal herzlich willkommen. Sie übersetzte seine Ansprache mit ›das Wort zum Sonntag‹:

»Die meisten von euch kennen mich und wissen, dass wir in den nächsten Tagen viel Spaß zusammen haben werden, da ich einen ganzen Sack voll nutzloses, aber unterhaltsames Wissen dabei habe. Daneben verteile ich aber auch ein paar Schätze. Zum Beispiel zum Nordirlandkonflikt, über den ihr offenbar mehr erfahren wollt, sonst wärt ihr nicht hier. Was ich auf keinen Fall tun werde, ist während der Fahrt über den Brexit zu sprechen. Wenn wir damit anfangen, können wir das eigentliche Thema unserer Tour vergessen. Wir können gern beim Abendessen oder im Pub darüber diskutieren, weil das gerade hier ein Thema von enormem Interesse ist, wie ihr euch denken könnt.

Wir werden es locker angehen, dennoch habe ich eine Bitte, und ich erwarte, dass ihr euch daran haltet. Das dürfte euch als Deutsche nicht schwerfallen, aber vielleicht ist es das, was ihr am wenigsten von einem Iren erwartet: Wenn ich sage, wir treffen uns um drei – oder wann auch immer – am Bus, dann erwarte ich, dass ihr um drei da seid. Nicht fünf vor drei, aber schon gar nicht zehn nach drei. Einerseits aus Höflichkeit euren Mitreisenden gegenüber, andererseits habe ich mir Mühe gegeben, einige Termine mit Leuten zu vereinbaren, die uns manches Wissenswerte erzählen können, und die wir ebenfalls nicht warten lassen wollen. Und das war es auch schon. Danke.«

Die Fahrt zum Hotel nutzte er für eine kleine Stadtrundfahrt, die unter anderem an der Albert Memorial Clock vorbeiführte, dem ›schiefen Turm von Belfast‹. An der City Hall bat er seine Gäste, sich den restlichen Weg zum

Hotel einzuprägen und Maren übersetzte: »Es sind von hier aus nur noch zwei Querstraßen, Sie können also gern vor dem Abendessen noch einen kleinen Spaziergang in der Great Victoria Street oder der Fußgängerzone unternehmen, die gleich hier an der Ecke beginnt.«

Und schließlich, zum weiteren Ablauf des Tages: »Während Sean Ihre Koffer auslädt, kümmere ich mich um Ihre Zimmer. Kommen Sie einfach mit Ihrem Gepäck in die Lobby, dann werde ich Ihre Namen aufrufen und Ihnen die Schlüsselkarten aushändigen. Abendessen im Hotelrestaurant ist für 19 Uhr bestellt. An der Rezeption liegt eine Extrakarte, aus der Sie unter jeweils drei Vor-, Haupt- und Nachspeisen wählen können. Machen Sie einfach ein Kreuz oder einen Strich hinter dem Gericht Ihrer Wahl.«

Wie sie feststellte, lagen die Zimmer der Gruppe alle im dritten Stock, Leander hatte die Nummer 303, das musste ziemlich am anderen Ende sein. Durchaus vorteilhaft; bei den hellhörigen Wänden würde sie ihn keinesfalls in ihr Zimmer einladen, falls ...

»Hast du jetzt eigentlich Feierabend?«, fragte Leander, als sie ihm den Umschlag mit seiner Schlüsselkarte gab. »Ich meine, können wir uns gleich sehen? Ich bin noch ganz geplättet, dass du jetzt doch die Tour mitmachst.«

»Das weiß ich auch erst seit vorgestern, und gestern war ich schon hier. Ich rufe dich in deinem Zimmer an, keine Ahnung, ob Sean mich noch braucht. Ist schließlich meine erste Tour. Bitte entschuldige mich, da sind noch ein paar Umschläge übrig.«

Sean war im Bus geblieben, also ging sie zu ihm hinaus, nachdem die letzten Gäste in den Lift gestiegen waren.

»Was machst du jetzt?«, fragte sie. »Ich meine, brauchst du mich dabei?«

»Ich muss den Bus wegfahren, werde ihn bei der Gelegenheit volltanken und ein paar Paletten Wasser für unterwegs besorgen, mit und ohne Kohlensäure. Also könnte ich dich am nächsten Supermarkt absetzen und während der Rückfahrt kannst du die Flaschen in der Kühlbox verstauen.«

»Das könntest du aber auch ohne mich machen, oder?«

»Könnte ich. Ob ich es will, ist eine andere Frage. Befehlen kann ich es dir nicht. Sehnsucht nach deinem Galan? Ich hoffe nur, ihr gebt nicht jeden Tag so eine Vorstellung wie am Flughafen. Das war nicht besonders professionell, Maureen.«

»Tadel angekommen und akzeptiert. Du wirst keinen Grund zu weiteren Beanstandungen haben, Boss.«

»Da wäre ich an deiner Stelle nicht so sicher. Ich werde euch im Auge behalten.«

»Was ich privat mache, geht dich nichts an. Mich stört es ja auch nicht, wenn du mit allem flirtest, was Röcke trägt. Ich nehme an, du weißt, wie dünn die Wände hier sind?«

»*Ich* werde deinen Schönheitsschlaf nicht stören. Es sei denn, du willst es.«

»Ich werde dir sofort Bescheid geben. Aber warte nicht darauf, du könntest alt und grau dabei werden.«

»Das bezweifle ich, Maureen. Muskeln sind nicht alles.«

»Neidisch, Sean?«

»Geh mir aus den Augen.«

Maren begann, den Schlagabtausch mit Sean zu genießen. Das gefiel ihr weit besser, als ständig auf der Hut vor zweideutig-eindeutigen Übergriffen zu sein. Inwieweit das an Leanders Anwesenheit lag, wollte sie nicht näher ergründen.

Verdammt. Er hatte sich diesen Berger als blutleeren Bürohengst vorgestellt und jetzt entpuppte der sich als Schwarzenegger-Verschnitt für Arme. Was bedeutete, dass er schwerere Geschütze auffahren musste. Gleichzeitig durfte er ihn aber auch nicht vor den Kopf stoßen. Seine Ansage am Flughafen war hart an der Grenze gewesen, er konnte froh sein, dass dem Typen entgangen war, auf was, beziehungsweise wen, er sich wirklich bezogen hatte. Dabei wäre er fast geplatzt, als er seine Schattenelfe in den Armen dieses gelackten Deutschen liegen sah und sie sich von ihm abschlecken ließ.

Hätte er sie gestern nur nicht allein gelassen, hätte er, als sie in sein Zimmer kam, sein Hemd auf- und nicht zugeknöpft, hätte er die wenigen Minuten im Lift dazu benutzt, sie ... Müßig, über verpasste Gelegenheiten nachzudenken – *shoulda coulda woulda.*

Wahrscheinlich rannte sie jetzt schon in das Zimmer dieses Strahlemanns, um ... Sean schlug heftig auf das Lenkrad, startete den Motor, würgte den ersten Gang ins Getriebe und fuhr mit quietschenden Reifen um die Ecke.

»Ich habe Sean McLeary für älter gehalten, eher Mitte, Ende vierzig, wie Elmer Doyle«, sagte Leander und vergrub seine Hände in Marens Haaren.

»Sean ist vierunddreißig, ein Jahr jünger als ich. Oh, jetzt habe ich mich verraten.« Sie lachte. »Elmer ist übrigens auch erst dreiundvierzig.«

Sie strich von seinem Unterarm über den Bizeps bis zur Schulter, grub ihre Finger in seinen Nacken und zog seinen Kopf näher. Knabberte an seinen Lippen. Konnte dieser Mann küssen! Es fühlte sich an wie Sahne von einer Erdbeere lecken, weich und rau zugleich, fruchtig-herb und süß. Das könnte sie stundenlang tun.

Sie lagen nebeneinander auf seinem Bett, völlig bekleidet, und auch wenn sie ein Bein um seine Hüfte geschlungen hatte, nutzte er diese Stellung nicht aus, um sich an ihr zu reiben. Dabei fühlte sie durchaus, dass ihre Nähe ihn alles andere als kalt ließ – aber komischerweise genügte ihr dieses fast keusche Kuscheln. *Doch nicht so notgeil wie befürchtet.* Was irgendwie beruhigend war. Schließlich war das hier nicht ihre einzige Gelegenheit, sie hatten fast zwei Wochen – zwölf Nächte, um sich näher zu kommen.

Im Restaurant waren mehrere Tische zu einer Tafel zusammengeschoben. Sean setzte sich an ein Ende. Neben ihm, an der Stirnseite, sollte Maureen sitzen, damit alle Gäste sie im Blick hatten und ansprechen konnten. Einer der jüngeren Männer aus der Gruppe setzte sich ihm gegenüber und legte ein Blatt Papier in die Mitte des Tisches. Der Ausdruck einer Landkarte mit handschriftlichen Notizen, wie Sean erkannte.

»Ich möchte Sie etwas fragen, Sean«, sagte er in nahezu akzentfreiem Englisch.

»Jederzeit«, sagte Sean. »Worum geht es, …?«

»Walter. Sie kennen bestimmt ›Game of Thrones‹. Die Filme wurden doch größtenteils hier gedreht und da habe ich mich gefragt, ob wir auf unserer Tour vielleicht an einigen der Orte vorbeikommen, wenn wir zum Giants Causeway fahren und danach weiter nach Derry. Ich habe sie hier eingezeichnet.« Er schob das Blatt näher zu Sean, der es sich genauer ansah.

»Eigentlich gehört das nicht zum Thema dieser Reise«, meinte Sean, fügte auf Walters enttäuschten Gesichtsausdruck aber lächelnd hinzu: »Da wir über Carrickfergus und weiter an der Küste entlangfahren, kommen wir automatisch durch die Hochebene von Antrim, also die ›Eng‹. Auf dem Weg nach Derry werden wir zwar nicht am Portstewart Strand vorbeikommen, aber es ist ein Zwischenstopp in Downhill Demesne eingeplant, also können Sie vom

Mussenden Temple, der direkt am Klippenrand steht, den Downhill Beach sehen, allerdings nicht hinunter gehen. Und natürlich werden Sie, wenn das Wetter mitspielt, eine fantastische Aussicht auf die Hochebene zwischen Armagh und Londonderry haben, also auf den ›Drachenberg‹. Lassen Sie mich kurz überlegen, Walter.« Nach einem Blick auf die Karte sagte Sean: »Es ist zu zeitaufwändig, zu den ›Höhlen der dunklen Magie‹ bei Cushendun zu fahren, aber was halten Sie von einem Gang über den ›Königsweg‹? Ich setze Sie und alle, die sich die Füße vertreten wollen, am Beginn der Dark Hedges ab und erwarte euch zwanzig Minuten später am anderen Ende. Das ist kein Umweg zu unserem nächsten Ziel, nur eine andere Strecke.«

Walter strahlte, doch seinen überschwänglichen Dank bekam Sean nur halb mit, weil er aus dem Augenwinkel Maureen entdeckte, die gerade das Restaurant betrat. Er winkte ihr zu und deutete auf den freien Platz an der Stirnseite. L.B., der ihr auf dem Fuß folgte, sollte sich gefälligst woanders hinsetzen. Dummerweise räumte Walter seinen Stuhl für ihn. Auch gut, sollte sie eben zwischen zwei Feuern sitzen. Herausfinden, welches heißer war.

Ihre Lippen waren geschwollen, eindeutig. Also hatte sie – was? Sich gewälzt wie eine rollige Katze? Mit ihm gespielt wie eine rossige Stute mit einem brünstigen Hengst, bevor sie sich von ihm bespringen ließ?

Sie schenkte ihrem Lover jetzt fast weniger Aufmerksamkeit als jedem anderen Gast. Weil sie sich an das Versprechen hielt, das er ihr vorhin abgerungen hatte? Nein, das hatte keiner großen Anstrengung bedurft, eigentlich war sie fast zu bereitwillig darauf eingegangen. Oder weil der Typ ihre Erwartungen fürs Erste erfüllt hatte? Der machte einen eher zufriedenen als befriedigten Eindruck. Sie auch. Was war da zwischen ihnen gelaufen? Hatten sie am Ende gar nicht ge…? Dann war der Holzkopf noch bescheuerter, als er aussah. Aber ihre Lippen waren definitiv geschwollen.

Sean ließ sich seine düsteren Gedanken nicht anmerken, unterhielt sich angeregt mit dieser und jenem, teilweise unterstützt von Maureens Übersetzung. Nur knapp die Hälfte der Gruppe sprach ausreichend Englisch, um ohne dieses Hilfsmittel der lockeren Unterhaltung folgen zu können.

Er ging sogar auf die Fragen ihres (verhinderten?) Liebhabers ein, der keine Übersetzung brauchte, dem aber offenbar die eine oder andere Feinheit entging. Maureen dagegen bedachte ihn mit vorwurfsvollen Blicken. Sollte sie, dann sah sie wenigstens ihn an statt den anderen. Zog sie Vergleiche? Sean wünschte, er wäre für die Schwellung ihrer Lippen verantwortlich. Für die sichtbaren und viel mehr noch für die verborgenen, die nur der sehen und deren Geschmack kosten konnte, den sie nahe genug an sich heranließ. Hatte sie oder hatte sie nicht?

Apropos verborgen. »Sie waren nicht in Belfast, wenn Sie nicht auch den Crown Liquor Saloon besucht haben«, wandte er sich nach dem Dessert an die Gruppe. »Vielleicht haben Sie das Haus schon auf Ihrem Spaziergang gesehen, es liegt an der Ecke der Great Victoria und der Amelia Street. 1826 im Barockstil erbaut, hieß das Lokal wegen seiner Lage zuerst ›Railway Station‹. 1888 übernahm Patrick Flanagan es von seinem Vater und ließ im Eingangsbereich das Mosaik legen, das dem Pub seinen jetzigen Namen gab: die Krone. Die englische Krone, genauer gesagt. Patrick war zwar durch und durch Ire und demzufolge alles andere als glücklich mit der englischen Herrschaft über Irland. Ganz anders seine Frau, die eine glühende Verehrerin von Königin Victoria war. Also hat Patrick ihr zuliebe das Mosaik legen lassen.« Er schaute kurz in die Runde und fuhr fort: »Damit jeder, dem danach ist, beim Betreten und Verlassen des Lokals die Krone mit Füßen treten kann.«

Manche lachten, andere schüttelten den Kopf, vielleicht, weil sie weder die Pointe noch die irische Mentalität verstanden, selbst wenn Maureens Übersetzung perfekt sein sollte, wovon er ausging, da sie sogar seine Sprachmelodie samt kleiner Pause wiedergegeben hatte. Er war das schon gewohnt. Auch die Engländer hatten Probleme damit. Oder sie ignorierten die Anspielung absichtlich.

»Inzwischen gehört ›The Crown‹ der irischen Denkmalschutz-Behörde«, erklärte er weiter, »und die viktorianische Innenausstattung wurde originalgetreu restauriert. Eine Besonderheit sind die ›Snugs‹ oder auch ›Säuferkojen‹, in die man sich zurückziehen kann, wenn man beim – äh, Trinken unbeobachtet bleiben will. Wenn Sie nicht zu müde sind, schlage ich vor, dass wir den Abend dort beenden. Was wir natürlich auch an einem anderen Tag tun können, falls Sie sich heute lieber ausruhen möchten. Morgen werden wir West-Belfast erkunden, einschließlich kleiner Spaziergänge durch die katholische Falls Road, die protestantische Shankill Road, einem Abstecher in die Bombay Street, wo Sie eine der sogenannten Peace-Walls aus nächster Nähe sehen können und zur Conway Mill. Aber ich will Sie jetzt nicht mit weiteren Einzelheiten überfordern. Wer möchte mitkommen in die Crown Bar?«

Nur ein etwas älteres Ehepaar, Gunter und Rosa Grün, wollten lieber schon ins Bett, das restliche Dutzend folgte Sean durch die kleinen Seitenstraßen zum Pub. Wieder bildete Maren mit Leander das Schlusslicht.

»Er ist gut«, sagte Leander. »Falls er sich in Politik und Geschichte genauso gut auskennt wie in der irischen Pub-Kultur und den Baustilen von Belfast, haben wir einen echten Glücksgriff getan.«

»Das kannst du laut sagen. Sean hat einen Abgeordneten dazu gebracht, uns übermorgen im Stormont Rede und Antwort zu stehen. Und er hat noch mindestens eine weitere Überraschung geplant, die nicht auf dem Programm steht. Nein, ich verrate nichts.«

»Ich bin beeindruckt. Aber wieso beobachtet er dich ständig, nicht nur, wenn du gerade etwas übersetzt? Beim Essen hat er dich kaum eine Sekunde aus den Augen gelassen. Prüft er dich? Weil es dein erster Einsatz ist und so.«

Das war ihm aufgefallen? Sie hatte es natürlich bemerkt, auch dass es Sean wohl eher um ›und so‹ ging, als um ihre Qualitäten als Dolmetscherin. Die Blicke, mit denen er Leander ab und zu bedacht hatte, schien dieser jedoch nicht wahrgenommen zu haben.

»Vielleicht tut er das«, sagte sie nur. *Und worin? Im Einhalten von Versprechen?* Sie wusste selbst, dass sie sich am Flughafen nicht so hätte hinreißen lassen dürfen.

Im Pub angekommen, quetschten sie sich, im wahrsten Sinne des Wortes, in eines der Separees, das Sean vorsichtshalber reserviert hatte. In keinem irischen Pub wurden solche Anfragen akzeptiert, hier erst recht nicht. Also hatte Sean offensichtlich auch in ›The Crown‹ Freunde, die er um einen speziellen Gefallen bitten konnte.

Die ›Snugs‹ bestanden aus halbhohen, geschnitzten Holzwänden mit einer Schwingtür. Um den großen Tisch in der Mitte zog sich U-förmig eine gepolsterte Holzbank. Maren ließ den Schwarzwäldern den Vortritt, sie wollte lieber in Türnähe sitzen als eingeklemmt am hinteren Ende. Fluchtweg sichern.

»Die erste Runde geht auf mich«, sagte Sean, »ich brauche nur Hilfe beim Tragen. Guinness für alle? Lieber Cider? Pint oder Glas? Glas ist für Klosterschüler.«

Schließlich waren alle versorgt und Sean schlängelte sich als letzter durch die Schwingtür. Setzte sich auf den schmalen Rand, der direkt daneben noch frei war. Wobei ›frei‹ eine maßlose Übertreibung war, er kam fast auf Marens Schoß zu sitzen, die sich gar nicht mehr enger an Leander pressen konnte. Und natürlich fand Sean für seinen rechten Arm keinen anderen Platz als auf ihrer Schulter.

So viel zu Fluchtwegen. Da steckte doch Absicht dahinter! Bald wusste Maren nicht mehr, wer für das Kribbeln in ihren Eingeweiden verantwortlich war, Leander oder Sean. Heiß war ihr auf beiden Seiten. Sehr heiß. Außen und innen. Sie hätte sich doch lieber an die Rückwand setzen sollen.

11.

Bushmills

Auf der gut anderthalbstündigen Fahrt von Carrickfergus zu den Dark Hedges erzählte Sean unter anderem von Heinrich VIII. »Der mit den vielen kopflosen Frauen«, sagte er flapsig. »Dabei hat er in Wahrheit nur zwei hinrichten lassen, Anne Boleyn und Catherine Howard, also die zweite und fünfte. Seine dritte Frau, Jane Seymour, starb im Kindbett, von der ersten und vierten, Katharina von Aragon und Anna von Kleve, ließ er sich scheiden und Catherine Parr, seine sechste Frau, überlebte ihn um ein Jahr. Was die Anzahl seiner Mätressen betrifft, nun, es waren wohl eine Menge.«

Er verzichtete auf sein Headset, weil Maren sowieso alles übersetzte. Eigentlich sprach er ausschließlich mit ihr. Sie saß links neben ihm, drehte sich aber mit ihrem Mikrofon zu den Gästen um. Schaute in interessierte, manchmal verblüffte, oft auch lachende Gesichter, bekam aber von der Landschaft, durch die sie fuhren, so gut wie nichts mit. Wenigstens konnte sie aber so den einen oder anderen Blick mit Leander tauschen, der in der hintersten Reihe saß. Nur, weil er am Flughafen als einer der letzten in den Bus gestiegen war und niemand in den vorderen Reihen seinen Platz mit ihm tauschen wollte.

»Wenn Sie nichts dagegen haben, werde ich Sie L.B. nennen«, hatte Sean beim Frühstück am Sonntagmorgen zu Leander gesagt, nachdem er ihn am Vortag weitgehend ignoriert und nie direkt angesprochen hatte. »Meine irische Zunge bringt es nicht über sich, Ihren Namen auszusprechen.«

»Natürlich, das verstehe ich«, stimmte Leander zu. Maren fand, dass ›Ellbie‹ nach einem von Tolkiens Hobbits klang und es nicht nur Seans Zunge war, die Probleme mit Leanders Namen hatte, aber sie schwieg.

Nach der Rückkehr aus dem Pub war sie zwar bis zum dritten Stock im Lift geblieben, hatte sich jedoch auf dem Flur von Leander verabschiedet und ihm eine gute Nacht gewünscht. Es schien für ihn völlig in Ordnung zu sein. Dann war sie die Treppe hinuntergegangen, hatte ihre Tür extra laut ins Schloss gedrückt und ihren Kofferdeckel an die Wand zu Seans Zimmer geschlagen. Das konnte er deuten, wie er wollte.

Das Spiel wiederholte sich in den folgenden beiden Nächten, sie wusste selbst nicht, warum. Die zärtlichen Küsse weckten durchaus ihr Verlangen nach mehr, offensichtlich auch Leanders, aber er bedrängte sie nicht.

Sean auch nicht, zumindest nicht aktiv, jedenfalls die meiste Zeit. Aber allein, dass sie im Bus neben ihm saß, genügte, um ihren Puls in die Höhe treiben. Dabei war zwischen ihrem und seinem Sitz fast ein Meter Abstand. Jedes Mal, wenn er die Hand nach einer CD ausstreckte, die in einem Fach auf ihrer Seite lagen, zuckte sie zusammen. Dabei warf er oft nur einen kurzen Blick auf die Hülle und legte sie dann wieder zurück.

Sean sprach auch über die ›Plantation‹, die Ansiedlung vorwiegend schottischer Untertanen in Nordirland: »Damit schlug Heinrich VIII. zwei Fliegen mit einer Klappe. Zum einen entledigte er sich der aufrührerischen Schotten direkt vor seiner Haustür, zum anderen festigte er seine Position auf der Insel, die er als Sprungbrett für ausländische Invasionstruppen sah, vor allem spanische und französische. Indem er die Iren von ihrem Land vertrieb und es unter den schottischen Siedlern aufteilte, brach er einerseits den Widerstand der irischen Bevölkerung und erkaufte sich andererseits die Loyalität seiner schottischen Untertanen. Diese waren größtenteils Presbyterianer, also ist die Bezeichnung ›Protestanten‹ für den unionstreuen Teil der nordirischen Bevölkerung falsch.«

Nach dem Mittagessen in der Corrymeela Community begann es zu regnen, dieser feine Nieselregen, der ›Irish Mist‹ genannt wird. Auf der Weiterfahrt von der Carrick-a-Rede-Rope-Bridge, wo sie nur einen kurzen Foto-Stopp einlegten, zum Giants Causeway nahm Sean das zum Anlass, über das irische Wetter zu sprechen.

»Ich empfehle meinen Gästen immer ein ganz einfaches Rezept, wie man am besten mit schlechtem Wetter umgeht. Bei uns in Irland gibt es nämlich einen ursächlichen Zusammenhang zwischen dem Wetter und dem Trinken.

Das bedeutet, je mehr ihr trinkt, desto besser ist das Wetter. Es kommt nicht so sehr darauf an, was ihr trinkt, also Bier, Wein, Cider oder Whiskey, sondern wie viel. Wenn es also jetzt regnet, heißt das, dass ihr gestern Abend nicht genug getrunken habt. Dabei geht es nicht darum, wie viel jeder Einzelne trinkt, sondern wie viel in der Gruppe getrunken wird. Wenn also einer oder eine weniger trinkt, kann das dadurch ausgeglichen werden, dass die anderen umso mehr trinken. Wenn ihr mich jetzt fragt, was ›genug‹ ist – nun, das erkennt ihr daran, ob es am nächsten Tag regnet oder nicht. Es bedeutet auch, dass ihr heute Abend mehr trinken müsst, was einfach sein wird, weil uns ein Besuch in der Old Bushmills Destillery bevorsteht, inklusive Whiskey-Verkostung. Und falls es morgen trotzdem regnen sollte, obwohl ihr diesmal wirklich ›genug‹ getrunken habt, wird euch das Wetter völlig egal sein.«

Maren musste sich sehr beherrschen, ihr Lachen zu unterdrücken, als sie seine Ausführungen übersetzte. Die Stimmung im Bus hätte kaum ausgelassener sein können – obwohl gar kein echter Alkohol zum Einsatz kam.

Natürlich erzählte er auch von dem Riesen Finn MacCool, der einer Legende nach den Causeway zwischen Nordirland und Schottland gebaut hatte: Weil er wasserscheu war, und trockenen Fußes seine Freundin, die am Mull of Kintyre lebte, besuchen wollte.

»Es gibt noch eine weniger romantische Version dieser Legende, in der es um einen Kampf mit dem schottischen

Riesen Benandonner geht, der letztendlich den Damm zerstört haben soll. In Wahrheit entstand dieser aus meist sechseckigen Basaltsäulen bestehende ›Weg des Riesen‹ durch einen Vulkanausbruch vor sechzig Millionen Jahren«, erklärte Sean und wurde vom Klingeln seines Mobiltelefons unterbrochen.

Während Maren seine Worte übersetzte, hörte sie ihn sagen: »Hi dear, I'm driving. Call you back later.« Dann ließ er das vorsintflutliche Teil in seine Brusttasche gleiten und fuhr mit einem kurzen Blick zu Maren mit seinen Ausführungen fort. Sie verdrängte den Gedanken, welche seiner Freundinnen das wohl gewesen war und ob sie vielleicht in der Nähe wohnte, und übersetzte:

»Ganz in der Nähe könnt ihr auch einen Felsen sehen, der wie eine alte Frau aussieht. Dabei handelt es sich um eine Nachbarin von Finn McCool, die den Alkohol allzu sehr liebte und des Öfteren laut grölend aus dem Pub nach Hause kam. Als er es leid war, ständig in seiner Nachtruhe gestört zu werden, verwandelte er sie eines Nachts kurzerhand zu Stein. Also denkt immer an den Unterschied zwischen ›genug trinken‹ und ›zu viel trinken‹, denn: If you drink too much, you will get stoned.«

Maren fügte bedauernd hinzu: »Die Zweideutigkeit des letzten Satzes ist leider nicht übersetzbar, aber ich nehme an, ihr wisst, dass ›stoned‹ nicht nur ›versteinert‹ bedeutet, sondern auch …« Sie ließ ihre Hand mit ausgestrecktem Zeigefinger über ihrem Kopf kreisen und erntete hier und da ein Schmunzeln oder Nicken.

Auf dem Busparkplatz angekommen, sagte Sean: »Toiletten gibt es in dem Durchgang dort hinten und im Besucherzentrum, wo sich auch ein Schnellrestaurant befindet. Seid bitte vorsichtig. Auch wenn der Regen aufgehört hat, sind die Basaltsäulen noch rutschig. Ich hole euch um halb sechs genau hier ab, ihr habt also rund zweieinhalb Stunden. Dann fahren wir nach Bushmills, wo wir heute übernachten werden.«

»Du gehst nicht mit?«, fragte Maren erstaunt, während sie ihre Regenjacke anzog.

»Nein«, antwortete er todernst. »Vielleicht habe ich hier ja auch eine Freundin, die hinter dem nächsten Hügel auf mich wartet.«

»Arsch«, murmelte sie und dann etwas lauter: »Dann viel Erfolg. Hoffentlich reicht die Zeit.«

Sean sah ihr nach, wie sie mit L.B., der seinen Arm um ihre Schulter gelegt hatte, davonging. Sollte einer aus den beiden schlau werden. Bei jeder passenden Gelegenheit knutschten sie sich ab, aber die Nächte verbrachte sie allein in ihrem Zimmer. Was war los mit dem Kerl? Wollte sie und er konnte nicht? Aber vielleicht wollte er doch und sie ließ ihn nicht. Weil ... Ja, warum? *Kann sie den spontanen Kuss ebenso wenig vergessen wie ich?*

Er nutzte die Zeit, um die Leiterin für Öffentlichkeitsarbeit im Nerve Center in Derry zurückzurufen und vereinbarte mit ihr einen Diskussionstermin für Donnerstag. Der pensionierten Lehrerin gelang es auf subtile Art, selbst die verbohrtesten Jugendlichen beider Konfessionen zur Zusammenarbeit zu bewegen, wofür Sean sie bewunderte. Dann rief er in der Guild Hall an und erkundigte sich nach einer Führung für seine Gruppe am selben Tag. Danach fuhr er zur Tankstelle und dann zum Hotel, wo er sich die Zimmerverteilung ansah. Es war ein wesentlich kleineres Hotel als das in Belfast, und die Gruppe war über sämtliche Etagen verteilt. Maureens Zimmer lag in einem anderen Stockwerk als seines, aber auch nicht in unmittelbarer Nähe zu L.B. Würde das etwas ändern? War dies die Nacht, in der sie ihn in ihr Zimmer einlud oder sich zu ihm schlich? Er würde weder das eine noch das andere mitbekommen. Und er konnte nichts dagegen tun. Das fuchste ihn am meisten.

Letzte Nacht war er kurz davor gewesen, an ihre Tür zu klopfen und sich unter irgendeinem Vorwand Zutritt zu verschaffen. Er hatte sich vorgestellt, sie trüge nur ein T-Shirt und ein knappes Höschen, das mehr preisgab als verhüllte … und das hatte ihn noch mehr aufgewühlt, als zuzusehen, wie sie ihre Lippen auf den Mund des falschen Mannes presste. In einem seiner seltener werdenden klaren Momente hatte er sich eingestanden, regelrecht von ihr besessen zu sein. Das war ihm noch nie passiert. Lag es vielleicht daran, dass er es gewohnt war, jede Frau, auf die er ein Auge warf, ohne große Anstrengungen in sein Bett zu locken? Allzu leicht errungene Siege hatten einen schalen Beigeschmack.

Und falls es ihm doch gelingen sollte, Maureen für sich zu gewinnen, wie sollte es dann weitergehen, wenn sie in Connemara lebte und er die Ostküste rauf und runter fuhr? Er konnte sie ja nicht für jede Tour als Dolmetscherin verpflichten, auch wenn es noch so verlockend war, sie vierundzwanzig Stunden am Tag um sich zu haben.

Darüber hatte er sich noch nie Gedanken gemacht, also über eine gemeinsame Zukunft mit einer Frau. Aber hier ging es um Maureen, nicht um irgendeine Frau. Seine Schattenelfe, die, wie er zugeben musste, nicht nur sein Blut heißer durch seine Adern pulsieren ließ, sondern auch die Synapsen in seinem Hirn durcheinanderwirbelte. Der er zutraute, das Raubtier in ihm sowohl zu wecken als auch zu zähmen. Was ihm irgendwie Angst machte. Das eine wie das andere.

»Du weißt schon, dass McLeary auf dich steht«, sagte Leander in bemüht wertfreiem Tonfall, als sie die ›Orgelpfeifen‹ genannte Felsformation erreicht hatten.

»Quatsch. Er ist ein landesweit bekannter Schürzenjäger, der kann sich keiner Frau gegenüber neutral verhalten. Wahrscheinlich beglückt er gerade eine aus seinem über die ganze Insel verstreuten Harem.«

Warum machte ihr das etwas aus? Sie sollte froh darüber sein, dass ihr seine Zweideutigkeiten eine Weile erspart blieben. Dass es einem seiner Betthäschen gelang, ihn so weit zu entspannen, dass er sie für den Rest des Tages in Frieden ließ. Nur dumm, dass seine schiere Anwesenheit sie noch immer aus der Ruhe brachte. Das hätte nicht sein dürfen. Immerhin war sie mit Leander … leider immer noch nicht weitergekommen.

»Und dir ist er auch nicht gleichgültig«, behauptete er prompt in diesem Moment.

»Das ist ein noch größerer Quatsch. Er ist mein Boss, nicht mehr und nicht weniger.« Sie lehnte sich an ihn. »Wenn du es genau wissen willst, Leander Berger, ich stehe auf dich. Sag jetzt nicht, dass dir *das* noch nicht aufgefallen ist.« Dann zog sie seinen Kopf zu sich herunter und küsste ihn. Innig. Das fühlte sich gut an, sehr gut. Weder Eis noch Feuer, nur ein ganz klein wenig aufregend. Reichte ihr das? Sie fasste sich ein Herz. »Ich möchte dich gern in deinem Zimmer besuchen. Heute Nacht.«

Er sah sie einen Moment lang fassungslos an, dann schloss er sie fest in seine Arme. »Weißt du, wie lange ich mir das schon wünsche? Seit du mir in Adare die Legende von Diarmuid und Gráinne erzählt hast, wünschte ich, ich trüge ein ebensolches Liebesmal wie er, dem du nicht widerstehen könntest.«

»Warum hast du dann nie etwas gesagt? Warum gibst du dich mit Küssen zwischen Tür und Angel zufrieden?«

»Hätte ich gleich am ersten Tag über dich herfallen sollen, als wir in Belfast auf meinem Bett lagen? Leichtgefallen ist es mir nicht, mich zurückzuhalten, das kannst du mir glauben. Aber ich wollte dich nicht verschrecken, uns erst die Möglichkeit geben, uns besser kennenzulernen. Oh ja, Maren, bitte komm zu mir, so bald wie möglich.«

»Gleich nach dem Abendessen«, versprach sie. »Ich habe keine Lust, noch in irgendeinen Pub zu gehen.«

Es blieb ihnen dann doch nichts anderes übrig, weil Lore Geburtstag hatte und die ganze Gruppe zu einem Umtrunk einlud. Sie nutzten aber die erste Gelegenheit, sich abzusetzen, indem Maren Rosa und Gunter Grün anbot, sie zum Hotel zu begleiten.

Seans grimmige Miene ignorierte sie geflissentlich, der versuchte, Leander unter den Tisch zu trinken, ohne ihn merken zu lassen, dass er selbst fast nichts trank. Sie wusste, dass er sich nie mit Restalkohol im Blut hinter das Steuer seines Busses setzen würde.

»Sie beide geben ein hübsches Paar ab«, bemerkte Rosa Grün auf dem Rückweg und ihr Mann stimmte ihr zu: »Ganz wie wir früher, erinnerst du dich, Rosilein? Wir konnten auch die Finger nicht voneinander lassen.«

»Das ist lange her«, seufzte Rosa. »Leider.«

Und weil das Zimmer der beiden direkt neben Marens lag, suchte sie zunächst ihr Bad auf, während Leander zum anderen Ende des Flurs ging. Wenigstens lagen ihre Zimmer im selben Stockwerk, sodass sie weder Lift noch Treppe nehmen musste, wo sie wer weiß wem hätte begegnen können. Nicht Sean, der saß ja noch im Pub – vielleicht, vielleicht aber auch nicht. Er könnte direkt nach ihnen zum Hotel gegangen sein. Plötzlich mitten im Flur stehen und … *Das ist lächerlich! An der Theke sitzen genug Frauen herum, die nur darauf warten, dass er ihnen einen Blick zuwirft. Ein Sean McLeary hat immer und überall die freie Auswahl an der Losbude.*

Sie wartete trotzdem weitere zehn Minuten, bevor sie den Gang hinunterschlich. Es fühlte sich an, als würde sie etwas Verbotenes tun. *Du bist eine erwachsene Frau, Maren, kein Teenager. Wir sind beide frei und ungebunden und Sean soll sich zum Teufel scheren.* Es half wenig. Zaghaft klopfte sie an Leanders Tür.

Er musste direkt dahintergestanden haben, denn er öffnete sofort. Trug lediglich ein T-Shirt und Bermudashorts. Maren schnappte unwillkürlich nach Luft. Sie hatte ihn nie anders als vollständig bekleidet gesehen, Hose, Hemd und Krawatte waren das Mindeste, was er trug. Manchmal Pullunder oder Jackett. Sie fühlte sich ein wenig overdressed in ihrem Sweatshirt und der Jeans, aber schließlich hatte sie schlecht im Nachthemd über den Hotelflur laufen können.

Leander streckte die Hand nach ihr aus. »Komm doch herein, bitte. Du wirkst irgendwie fluchtbereit – bereust du es schon?«

»Natürlich nicht«, beeilte sie sich, ihm zu versichern. »Es ist nur – schon so lange her. Ich bin ein wenig nervös.«

Beherzt trat sie ein, versuchte, ihm nur ins Gesicht zu schauen, ihn nicht zu berühren, noch nicht. Was schwierig war, da er einen weiteren Schritt auf sie zutrat, um sorgsam die Tür abzuschließen. *Gefangen.*

»Ich auch, mein Liebling«, flüsterte er ihr ins Ohr und schloss sie in die Arme. Sein Kuss war anders, leidenschaftlicher, ungeduldiger. Sie ließ sich hineinsinken, erwiderte ihn ebenso drängend. Fühlte seinen Herzschlag, rasch und heftig, wie ihr eigener. Ja, sie wollte ihn, jetzt und hier.

Er zog ihr das Sweatshirt über den Kopf, hauchte: »Das ist wie an Weihnachten das Geschenk auszupacken, das man sich am glühendsten gewünscht hat«, und bedeckte ihr Dekolletee mit kleinen Küssen. Legte seine Hände an ihre Seite und strich mit den Daumen sanft über ihren BH. Maren keuchte auf und merkte, dass sie keine Knie mehr zu haben schien. Leander hob seinen Kopf und nahm erneut ihre Lippen in Besitz, streichelte ihren Rücken, löste den BH-Verschluss. Griff nach dem Knopf ihrer Jeans und hielt plötzlich inne.

»Ich muss dir etwas sagen, Liebste. Bitte erschrick nicht. Du bist so zart und ich bin etwas – äh, kräftig gebaut. Aber ich werde dir nicht wehtun, ich werde ganz vorsichtig sein.« Er streifte sein T-Shirt ab.

Nun ja, er war muskulös, das wusste sie schon, beziehungsweise hatte es sich vorstellen können. Und so extrem war es jetzt auch wieder nicht. Sie streichelte über seine Brust, seine Arme. »Mach dir keine Sorgen, ich werde dich schon aushalten.«

Er streifte die Träger des BHs von ihren Schultern, öffnete ihre Jeans und zog sie bis zu ihren Knöcheln herunter. Starrte auf das winzige, fast durchsichtige Stoffdreieck, das ihre Scham bedeckte. Sie schlüpfte aus ihren Schuhen, stieg aus ihren Jeans, und setzte sich auf die Bettkante. Er zog seine Bermudashorts aus.

Heiliger Bimbam, jetzt sah sie, was er mit ›kräftig gebaut‹ gemeint hatte. Maren schnappte nach Luft. Leanders bestes Stück war nicht besonders lang, aber dick. Sehr dick. Konnte das überhaupt …

»Noch etwas«, unterbrach er ihre Überlegungen. »Ich war vorhin im Supermarkt und in einer Apotheke, habe aber leider nicht die passende Größe gefunden und … Meine HIV-Tests sind negativ. Aber falls du …«

»Was? Einen Rückzieher machen willst?«, fragte sie, all ihren Mut zusammennehmend. »Angst hast, schwanger zu werden? Das werde ich nicht, keine Sorge. Ich war nie mit einem anderen als meinem Mann zusammen und der war kerngesund, als der Laster ihn überrollte. Und jetzt küss mich endlich.«

Ein Rest Sorge blieb, als sie auf dem Bett lagen und er mit Lippen, Zunge und Händen ihren Körper erkundete. Sie fasste probeweise nach seinem … und konnte ihn gerade so mit ihrer Hand umschließen. *Jesus, Maria und Josef!* Aber er war schon mit mindestens einer Frau zusammen gewesen, also konnte es nicht unmöglich sein. Und er verstand es, sie zu erregen, schenkte ihr beinahe einen Höhepunkt und dann stellte sie überrascht fest, wie anpassungsfähig ein weiblicher Körper war.

»Ist es gut so? Kannst du mich aushalten?«, fragte er und sie wölbte sich ihm wortlos entgegen. Es war sogar unglaublich.

»Das ist fantastisch«, sagte er. »Du fühlst dich einfach wundervoll an. Noch ein Stück – ja, oh ja, das ist gut, so verdammt gut. Fühlst du dich wohl, mein Liebling? Gefällt es dir? Hast du Schmerzen? Nein? Komm, hol es dir, nimm alles, was du willst. Ja, das ist großartig, mach weiter so. Wahnsinn. Du bist so eng, so nass, so perfekt, ich könnte dich …«

»Leander?«, unterbrach sie seinen abgehackten Redefluss, drückte gleichzeitig ihre Fersen auf seinen Po, damit er nur ja nicht auf die Idee kam, es würde ihr zu viel. Sie würde durchdrehen, wenn er sich jetzt zurückzöge.

Er hielt sofort inne, sah sie besorgt an. »Habe ich dir wehgetan? Es tut mir leid, Liebste, ich bin nur so – ich habe nicht aufgepasst, habe mich hinreißen lassen. Entschuldige bitte. Sag mir, was ich tun soll.«

Ihr lag *halt einfach die Klappe* auf der Zunge, aber sie bremste sich und sagte: »Du könntest mit deinem Mund etwas anderes tun als reden.« Um zu verdeutlichen, was sie meinte, reckte sie ihm ihre Brüste entgegen.

»Ja, liebend gern. Was immer du brauchst, mein Herz. Ist es so gut für dich? Tue ich dir wirklich nicht weh? Darf ich noch ein kleines Stück – hältst du das aus?«

Sie sagte nur bestimmend: »Leander, bitte«, und zog seinen Kopf herunter.

Er murmelte zwar weiter vor sich hin, als er hingebungsvoll und gekonnt an ihr knabberte und saugte, aber das wurde bald weitgehend von dem Rauschen in ihren Ohren verschluckt. Dann spürte sie plötzlich ihre Füße nicht mehr, die Taubheit kroch über ihre Beine und Arme, bis sich jegliches Gefühl an einer einzigen Stelle konzentrierte. Maren schrie, ob vor Lust oder Schmerz, hätte sie nicht sagen können, und dann explodierte alles um sie herum. Leander wand sich, zuckte ein ums andere Mal und gab dabei Geräusche von sich, für die sie keine Namen fand.

»Ich muss versuchen, in mein Zimmer zurückzukommen«, sagte sie später, als es ihr wieder möglich war, in zusammenhängenden Sätzen zu sprechen.

»Ich kann dich tragen«, bot er matt an.

»Nein, lass mal, wer weiß, wer uns über den Weg läuft. Ich habe keine Lust auf lange Erklärungen.« Wenigstens lag Seans Zimmer in einem anderen Stockwerk. Spielte das eine Rolle? Natürlich nicht. Sie hatte ihm oft genug gesagt, dass ihr Privatleben ihn nichts anginge. Und das hier war privat. Sehr sogar.

»Es weiß doch sowieso jeder, dass wir zusammen sind, dann können sie sich auch denken, dass wir nicht nur Händchen halten. Zumindest ab heute nicht mehr. Es war absolut fantastisch mit dir, und das ist eine völlig unzureichende Beschreibung. Ich kann es schon kaum erwarten, dich wieder ... nicht, dass ich momentan dazu in der Lage wäre.«

»Das trifft sich gut, ich auch nicht.« Inzwischen hatte sie Sweatshirt und Jeans wieder angezogen, ihre Unterwäsche aber in die Hosentaschen gesteckt. Nur nicht allzu viel Druck auf gewisse Körperteile ausüben. Sie küsste ihn kurz und schlüpfte nach einem prüfenden Blick in den Flur zur Tür hinaus. Leander war liegengeblieben.

Maren war nicht klar, was sie erwartet hatte. Und ob diese Erwartungen sich erfüllt hatten. Erst war sie zu Tode erschrocken, doch es war unglaublich gewesen, er hatte sie zu einem Gipfel geführt, auf dem sie allzu lange nicht gewesen war, aber …

Natürlich musste man im Bett nicht schweigen, Victor und sie hatten dabei auch gern miteinander gesprochen. Aber es gab Grenzen und die hatte Leander eindeutig überschritten. Mit seinem unablässigen Gebrabbel hatte er es fast geschafft, ihr mittendrin die Stimmung zu verderben. Im Moment konnte sie – obwohl er sie restlos befriedigt hatte – nicht sagen, ob sie noch einmal mit ihm schlafen wollte. *Er ist wirklich ausgestattet wie ein Hengst,* kam ihr plötzlich in den Sinn und sie musste an ihren Traum denken: »Du kannst schon mal aufsitzen, Maureen, ich bin bereit.« Oh nein!

»Sie sind etwas blass um die Nase, L.B.«, sagte Sean am nächsten Morgen beim Frühstück. »Haben Sie nicht genug Schlaf bekommen? Oder stimmt vielleicht mit den Betten etwas nicht?«

Netter Versuch, dachte Maren und war gespannt auf Leanders Reaktion.

»Danke der Nachfrage«, sagte dieser. »Mit den Betten ist alles in Ordnung, zumindest mit meinem. Vielleicht hatte ich gestern Abend doch einen Whiskey zu viel.«

»Nun, dann bleibt uns zumindest die Hoffnung, dass es heute nicht regnet«, meinte Sean lapidar und wandte sich ihr zu. »Und du, Maureen? Als Wetterfee bist du reichlich unbrauchbar. Alles in Ordnung mit dir?«

»Es hat mir ausgesprochen gutgetan, ausnahmsweise einmal etwas früher ins Bett zu kommen.«

Und das konnte er jetzt verstehen, wie er wollte.

12.

Troubles

»Derry/Londonderry hat viele Namen«, erklärte Sean auf der Fahrt von Downhill Demesne nach ebendieser Stadt. »Katholiken/Republikaner/Nationalisten nennen es Derry, Protestanten/Unionisten/Loyalisten dagegen Londonderry. Der Einfachheit halber nennen beide Gruppen es ›Stroke-City‹ – wegen des Schrägstrichs.«

Maren fügte in ihrer Übersetzung hinzu: »Im Englischen heißt ›Stroke‹ auch Schlaganfall«, und nahm dann wieder Seans Worte auf: »Sie ist ›The Maiden City‹, also die jungfräuliche, weil sie zwar mehrfach belagert, aber nie erobert wurde. (Gab es oder gab es keine Parallele zu einer bestimmten aktuellen Situation, fragten sich sowohl Sean als auch Maren insgeheim.) Während einer dieser Belagerungen wurde in Derry die erste Luftpost der Welt zugestellt, die wir uns morgen in der St. Columb's Cathedral anschauen. Sie stammt aus dem 17. Jahrhundert und wiegt siebenundfünfzig Kilogramm. Es ist eine Kanonenkugel, die einzige, die jemals in die Stadt hineingelangte. In ihr befand sich statt Schießpulver ein Friedensangebot, das die Einwohner jedoch ablehnten. Wegen der bis heute erhaltenen Stadtmauer sagt man auch ›Walled City‹ und schließlich ›Foyle‹, nach dem Namen des Flusses, der hindurch fließt. 1972 gelangte die Stadt zu trauriger Berühmtheit, namentlich durch den ›Bloody Sunday‹, der zur Eskalation des Nordirlandkonflikts führte.«

Nachdem die Gruppe im Hotel eingecheckt hatte, spazierten Maren und Leander über die Peace-Bridge, einer geschwungenen Fußgängerbrücke über den Foyle. Maren hatte noch immer das Wandgemälde vor Augen, das sie an der ›Free Derry Corner‹, dem Wahrzeichen der außerhalb der Stadtmauern gelegenen, von Nationalisten bewohnten Bogside gesehen hatten: ein Junge mit Gasmaske und Molotow-Cocktail. Es gab zehn weitere Murals, zum Beispiel drei Männer, die einen Verletzten – womöglich Toten – tragen, flankiert von einem Soldaten mit Gewehr im Anschlag und einem Priester, der ein weißes Taschentuch schwenkt. Erinnerungen an die Unruhen von 1969, wie die Aufschrift »You are now entering Free Derry« an einer Giebelwand, Provokation und Warnung an die (englischen) Sicherheitskräfte zugleich.

»West Belfast war schon beeindruckend«, sagte Leander, »aber diese Stadt strotzt ja förmlich vor Geschichte, vom Mittelalter bis zur Neuzeit. Wenigstens gibt es hier keine Mauern zwischen den katholischen und den protestantischen Bezirken.«

»Du kannst sie dennoch leicht an den Randsteinen oder Laternenmasten erkennen. Die sind entweder in den Farben der englischen oder der irischen Flagge bemalt.«

»Ach ja? Das ist mir gar nicht aufgefallen. Ich habe nur einige Fahnenmasten in den Vorgärten gesehen. Können wir uns morgen die Guildhall von innen anschauen? Diese Mosaikfenster müssen spektakulär aussehen, wenn das Licht hindurchfällt.«

Maren nickte. »Bestimmt. Sie liegt ja direkt um die Ecke von unserem Hotel. Wir brauchen sicher nicht den ganzen Tag, um über die Stadtmauer zu gehen. Sean legt zwar viele Stopps an verschiedenen Stellen ein, aber sie ist nur gut anderthalb Kilometer lang. Ich bin schon sehr gespannt, was er uns erzählen wird. Ich bin nämlich auch zum ersten Mal hier.«

»Wirklich? Dafür weißt du aber viel.«

»Alles angelesen. Schließlich ist es unter anderem meine Aufgabe, über das Programm von Doyle & McLeary Bescheid zu wissen. Vielleicht haben wir Zeit für einen Abstecher zum Nerve-Center und dem Craft Village. Hat beides mit dem Friedensprozess zu tun. Die Stadt ist nicht so weitläufig wie Belfast.«

»Aber unsere Zimmer liegen diesmal nicht nur entgegengesetzt, sondern sogar zwei Stockwerke auseinander. Kommst du trotzdem heute Nacht wieder zu mir? Ich kann auch zu dir kommen.«

Er blieb stehen und nahm sie in die Arme. Küsste sie. Zärtlich, nicht fordernd. Keine geflügelten Insekten weit und breit, falls doch, waren sie scheintot. Maren dachte eher an eine Kuscheldecke und Kerzenlicht. Sie mochte seine Art zu küssen wirklich sehr. Gleichzeitig wünschte sie, es dabei belassen zu haben.

»Lieber nicht«, sagte sie in bedauerndem Tonfall, wenn auch aus anderen Gründen, als er wahrscheinlich annahm.

»Ich habe das Zimmer neben Sean, er muss nicht mitbekommen ... Irgendwie wäre mir das peinlich, schließlich ist er mein Chef.«

»Natürlich, Liebling, das verstehe ich. Dann warte ich auf dich.«

»Äh, Leander, ich würde wirklich gern«, begann sie, dachte *›das Ganze vergessen‹* und sagte: »Aber du ... also ich ... nun ja, ich brauche ein wenig Erholung.«

Das musste er schließlich auch verstehen. Tat er.

»Wir haben noch drei Nächte in Dublin. Dort sind wir ganz allein. Vielleicht regnet es, dann können wir den ganzen Tag im Bett bleiben. Wir könnten eins der beiden gebuchten Zimmer stornieren.« Wieder küsste er sie.

Sie würde sich etwas einfallen lassen müssen. Hier, in der Stadt der ›Troubles‹ sollte das doch möglich sein. In der Stadt des ›Bloody Sunday‹. Es war so einfach: Sie könnte ihre Tage haben. Aber wie sollte sie das vortäuschen?

»Lass uns zurückgehen. Es ist bald Zeit zum Abendessen«, sagte sie.

Nachdem er die Gruppe am George-Best-Flughafen in Belfast abgesetzt hatte, fuhr Sean mit Maureen und L.B. in die Innenstadt. Er würde noch zwei Tage hierbleiben und dann nach Dublin fahren, um die nächste Gruppe in Empfang zu nehmen. Amerikaner, die auf der Suche nach ihren irischen Wurzeln waren. Manchmal kam es ihm vor, als genügte einigen schon der Besitz eines irischen Wolfshundes als Nachweis ihrer Abstammung.

L.B. hatte sich in die erste Reihe gesetzt, direkt hinter Maureen, die ganz automatisch auf dem Kommentatorsitz Platz genommen hatte. Der Platz, an den sie gehörte, wenn es nach ihm ging. Das war ihm in den letzten Tagen klar geworden. Glasklar. Und was hatte er von dieser Erkenntnis? Nichts. Weniger als nichts. Wenn er sie zum Parkhaus gebracht hatte, würde sie mit diesem Lackaffen nach Dublin fahren. Vielleicht sollte er auch schon jetzt ... aber was hätte er davon? Alles lief immer auf dasselbe hinaus.

In Derry und am Lough Neagh hatte sie wieder das Zimmer neben ihm gehabt. Hatte keinen Besuch empfangen und er war ziemlich sicher, dass sie sich in der Nacht nicht hinausgeschlichen hatte. Andererseits hatte sie auch nicht mehr auf seine zweideutigen Anspielungen reagiert, manchmal sogar einen abwesenden Eindruck gemacht. Sollte sie etwa eingesehen haben, dass sie sich auf den falschen Mann eingelassen hatte? Wie weit hatte sie sich überhaupt mit ihm eingelassen?

Gestern Abend hatte er sie in sein Zimmer zitiert. Um mit ihr über ihren ersten Einsatz zu sprechen. Hatte er zumindest behauptet. Hätte er auch getan – zunächst.

»Können wir das nicht hier machen?«, hatte sie gefragt.

»Ich weiß ja nicht, wie es in deutschen Banken zugeht, es würde mich aber sehr wundern, wenn die dortigen Mitarbeitergespräche in einer Kneipe stattfänden.«

»Du willst mir also tatsächlich eine Beurteilung meiner Arbeit verpassen.«

»Was hast du denn gedacht? An ein kleines Schäferstündchen zum Abschied? Ist dafür nicht L.B. zuständig? Oder entspricht er nicht deinen Erwartungen? Wenn du einen Vergleich brauchst, ich stehe jederzeit gern zur Verfügung.« Verdammt, so deutlich hatte er gar nicht werden wollen. Offensichtlich lagen seine Nerven blank. Was kein Wunder war.

»Das könnte dir so passen. Herzlichen Dank, ich verzichte. Wenn dir noch eine Kerbe in deinem Bettpfosten fehlt, such dir eine andere. Dürfte dir ja nicht schwerfallen.«

»Wie steht es mit den Kerben in deinem Bettpfosten?« Darauf kam es jetzt auch nicht mehr an.

»Das geht dich nichts an, Boss. Aber wenn du es unbedingt wissen willst: Mein Bett hat keine Pfosten.«

»Schade. Also keine Fesselspielchen in *deinem* Bett.«

»Nein, Mister Grey.«

Er hatte überrascht die Augenbrauen hochgezogen. »Tut mir leid, mit Sado-Maso kann ich nicht dienen.«

»Als ob es mich interessieren würde, wem du wie dienst, geschweige denn wann, wo und wie oft. Du bewegst dich verdammt hart an der Grenze zur sexuellen Belästigung am Arbeitsplatz, Boss.«

»Du bist so aggressiv, Maureen. Das passt gar nicht zu dir. Welche Laus ist dir über die Leber gelaufen? Eine namens L.B.?«

»Das wird mir jetzt zu blöd. Steck dir deine Beurteilung sonst wohin.«

Dann hatte sie ihren Drink entgegengenommen und sich wieder zu dem Muskelmann gesetzt. Der sofort seinen Arm um sie gelegt hatte. Und sie hatte sich an ihn gelehnt. Woraufhin er eine schlaflose Nacht verbracht hatte, buchstäblich mit dem Ohr an der Wand zu ihrem Zimmer. Aus dem kein Geräusch zu hören gewesen war. Weil sie bei L.B. geschlafen, beziehungsweise nicht geschlafen hatte?

Und jetzt sah er ihr tatenlos hinterher, als sie mit L.B. in das Parkhaus ging, der außer seiner Reisetasche auch ihren Koffer trug. *Du bist ein Idiot, McLeary.*

In Dublin wurde alles noch schlimmer.

»Ich habe zwei Zimmer reserviert«, sagte Leander an der Rezeption des Hotels. »Nun brauche ich aber nur eins davon. Das mit dem Doppelbett.«

Maren wand sich innerlich. Das hätte er nun wirklich nicht erwähnen müssen.

»Beide Zimmer haben die gleiche Ausstattung«, antwortete die Rezeptionistin freundlich. »Sie können natürlich gern eins stornieren, bezahlen müssen Sie es aber trotzdem. Wenn Sie vorgestern angerufen hätten, wäre die Stornierung noch kostenfrei möglich gewesen.«

»Das macht nichts, ich zahle gern den Preis für beide

Zimmer«, versicherte Leander und warf Maren einen vielsagenden Blick zu. Sie kam sich vor, als hätte er sie gerade am Straßenrand aufgegabelt und ihr ein eindeutiges Angebot gemacht. Sie biss die Zähne zusammen und schwieg.

Wie sie auch auf der Fahrt wenig gesagt hatte. Natürlich hatte sie viel geredet, ihm unter anderem die Legende der ›Children of Lir‹ erzählt, den Kindern von König Lear (ja, dem von Shakespeare, nur dass der aus Fionnuala, Aodh und den Zwillingen Fiachra und Conn drei Töchter gemacht hatte), die von ihrer Stiefmutter dazu verflucht worden waren, neunhundert Jahre an drei verschiedenen Gewässern Irlands als Schwäne zu leben.

»Natürlich starben sie an Altersschwäche, unmittelbar, nachdem sie ihre menschliche Gestalt wiedererlangt hatten und getauft worden waren«, erklärte sie. »Diese Legende ist quasi ein Sinnbild für das Ende des alten Glaubens, des Heidentums, wenn du so willst. Die Erlösung von Fionnuala und ihren drei Brüdern fiel nämlich mit dem Einzug des Christentums in Irland zusammen. Bis heute gilt im gesamten britischen Königreich das Gesetz von König Lir, dass kein Schwan getötet werden darf. In England gehören sämtliche Schwäne Queen Elisabeth II.«

»Du könntest selbst Reisegruppen führen«, hatte Leander gesagt. »So wie du Legenden erzählst, stehst du Sean McLeary in nichts nach.«

Was sie nachdenklich gemacht hatte. Wie konnte er sie ausgerechnet mit Sean vergleichen? *Ich bin nicht wie er!*, hatte sie beinahe gesagt, dabei aber weniger ans Reden gedacht, sondern an ... Sie und Sean waren so gegensätzlich wie Feuer und Eis. Was er beides mühelos in ihr zu wecken verstand. Lieber verdrängte sie jeden Gedanken daran, mit wem oder was er sich in diesem Moment gerade beschäftigen mochte.

»Lass uns nach der langen Fahrt ein wenig ausruhen«, schlug Leander vor, als sie ihr Zimmer bezogen hatten, und schaute zum Bett.

»Es waren nur zwei Stunden«, wandte sie ein. »Ich bin nicht müde.«

»Das hoffe ich, mein Liebling«, sagte er und nahm sie in die Arme.

Genau das hatte sie befürchtet. Seine Küsse und was er sie sonst noch spüren ließ, erregten sie trotzdem. Vielleicht war es auch nur die Erinnerung an die lange entbehrte Ekstase, die sie in seinen Armen erlebt hatte. Dumm auch, dass sie sich inzwischen wirklich ›erholt‹ hatte und im Grunde nichts dagegen sprach, ein zweites Mal mit ihm zu schlafen. Wäre da nicht ...

Vielleicht könnte sie ihm den Mund zuhalten. Ja, das wäre ... *Nur einmal noch. Vielleicht ist er ja nicht immer so – gesprächig.*

Er war es. Sie versuchte, sein abgehacktes Gebrabbel auszublenden. Was ihr nur unzureichend gelang. Schließlich griff sie zu einem uralten Trick: Sie spielte ihm einen Orgasmus vor, damit er endlich zum Ende kam. Wie in ›Harry und Sally‹. Er hielt es für echt. Glücklicherweise brauchte er nicht allzu lange.

Maren genoss die darauf folgende Stille und das Nachlassen des Schmerzes, der diesmal nicht durch angenehmere Empfindungen betäubt worden war. *Selbst schuld.*

»Du bist eine ganz wundervolle Frau, hier und überall sonst«, sagte er eine geraume Weile später. »Ich weiß, dass du dich hier zu Hause fühlst. Dass du deine Arbeit bei Doyle & McLeary liebst, und du machst sie ganz hervorragend. Wie alles, was du tust.«

Er nahm ihre Hand und legte sie auf seinen ... *oh nein, nicht schon wieder!* Fühlte sich nicht so an, Gott sei Dank. Sie wünschte, sie hätte vorhin ›nein‹ gesagt. Bushmills war ein Fehler gewesen. Es entsprach nicht ihrer Art, Fehler zu wiederholen, körperliche Bedürfnisse hin oder her.

»Könntest du dir trotzdem vorstellen, wieder zurück nach Deutschland zu gehen?«, fragte er mit einem ganz leisen Beben in der Stimme.

»Um wieder einen Neun-bis-Fünf-Job in einer Bank anzunehmen? Fünf Tage in der Woche mit Zahlen und Diagrammen spielen?« Sie tat, als müsse sie ernsthaft darüber nachdenken, und stellte fest, dass es nicht nötig war. »Nein, Leander, das kann ich mir nicht vorstellen«, sagte sie überzeugt.

»Und um mit mir dort zu leben?«, fuhr er fort. »Wir können fürs Erste zusammenziehen, um uns aneinander zu gewöhnen. Später dann – nicht viel später, wenn es nach mir geht – also, was ich meine ... Soweit ich weiß, steht das kleine Haus am Rheinufer immer noch zum Verkauf. Der Garten ist ein Paradies für Kinder. Du willst doch Kinder?«

Sie sah ihn erschrocken an. »Machst du mir gerade einen Heiratsantrag?«

»Ich, äh – gewissermaßen könnte man es so nennen. Was sagst du, Liebste?«

Sie sah ihn an, versuchte, sich vorzustellen, wieder in Deutschland zu leben, Leander Tag für Tag – und Nacht für Nacht – um sich zu haben. Sagte schließlich: »Ich weiß nicht. Wirklich nicht. Wir kennen uns kaum, haben gerade mal etwas mehr als eine Woche zusammen verbracht, Limerick eingerechnet. Das geht mir alles zu schnell. Ich kann dir nicht einmal sagen, ob ich … dich liebe«, schloss sie lahm.

Sie tat es nicht, wie ihr plötzlich klar wurde. Hatte es vielleicht gedacht, als sie sich noch E-Mails schrieben. Zumindest hatte sie geglaubt, ein klein wenig in den Mann verliebt zu sein, der so einfühlsame Texte verfasste. Der Yeats zitierte. Ihre Seele berührte. Der, wie sie zugeben musste, zwar ihren Körper befriedigen konnte, doch zu welchem Preis? Nein, sie liebte ihn nicht. Definitiv nicht. Würde es niemals können. Und das hatte nichts mit ihrer Liebe zu Victor zu tun, die sie immer im Herzen tragen würde. Und erst recht nichts mit Sean McLeary.

»Das kannst du lernen, mein Schatz«, versicherte er. »Wie ich auch. Wir beide …«

»Es gibt kein ›wir beide‹, Leander«, unterbrach sie ihn sanft, aber bestimmt. »Ich habe dich wirklich gern, sehr sogar. Ich schätze dich als Freund, du küsst fantastisch – aber das reicht nicht. Mir reicht es nicht. Es tut mir leid.«

Er setzte sich auf. »Soll das heißen, du machst Schluss mit mir? Einfach so? Nachdem wir gerade erst – das kann nicht dein Ernst sein!«

Plötzlich war nichts Sanftes mehr an ihm. Konnte sie irgendwie verstehen. Hatte er nicht erst vor kurzem seine Beinahe-Verlobte kampflos einem Thai überlassen? Aber er hatte es nicht verdient, von ihr belogen zu werden. Wie heißt es so schön? Lieber ein Ende mit Schrecken als ein Schrecken ohne Ende.

»Niemand kann beenden, was nicht einmal begonnen hat, Leander« sagte sie ruhiger, als ihr zumute war. »Wenn du willst, dass ich gehe, dann tue ich es. Jetzt sofort.«

»Dann hau doch ab, Schlampe! Renn zu deinem Boss, der wartet sicher schon in seinem Bett auf dich! Nein, bleib, bitte, bleib bei mir, Maren. Bitte verzeih mir, bitte. Ich habe das nicht so gemeint.«

Waren da Tränen in seinen Augen? Maren wandte ihren Blick ab.

»Aber ich«, sagte sie leise und stand vom Bett auf. »Es ist besser so.«

Sie ging ins Bad, kam kurz danach mit ihrem Kulturbeutel wieder und zog sich an. Dann legte sie die paar Sachen, die sie ausgepackt hatte, zurück in ihren Koffer und zog den Reißverschluss zu. Er beobachtete sie stumm.

»Ich wünsche dir noch eine schöne Zeit in Dublin – und überhaupt. Und ich hoffe, unsere privaten Differenzen haben keine negativen Auswirkungen auf Doyle & McLeary Bustours«, fügte sie hinzu und öffnete die Tür. So reglos, wie er auf dem Bett lag, hätte er bereits tot sein können.

Wenn sie nach weniger als zwei Stunden das Hotel verließ, würde die Rezeptionistin sie garantiert für eine Nutte halten. Das war ihr jetzt auch egal. Sie wollte nur weg, wollte so schnell wie möglich den größtmöglichen Abstand zwischen sich und Leander Berger bringen. Wollte sich in ›The Ferns‹ verkriechen, niemanden sehen, mit niemandem reden. Am allerwenigsten mit Ciara oder, was noch schlimmer und durchaus möglich wäre, an der nächsten Straßenecke Sean McLeary über den Weg laufen.

13.

The Ferns

Sie brauchte drei Stunden bis nach Hause. Als sie vor ihrem Cottage anhielt, blieb sie noch einen Moment im Auto sitzen. Sah im Scheinwerferlicht die weiße Fassade mit den blauen Fensterrahmen, überschattet von dem neuen Reetdach. Hier konnte ihr nichts Schlimmes passieren, konnte niemand ihr etwas anhaben. Nirgends hatte sie sich wohler gefühlt, weder in Frankfurt, wo sie aufgewachsen war, noch im Taunus, wo sie mit Victor gewohnt hatte. Kein Ort auf der Welt hatte sie jemals so willkommen geheißen.

›The Ferns‹ war mehr als ein Zuhause, es war das Heim, von dem Victor und sie geträumt hatten, das nach seinen Plänen Stück für Stück Wirklichkeit geworden war. Hier fühlte sie sich ihm näher als irgendwo sonst, auch wenn er nie mehr an ihrer Seite sein konnte. Sie allein würde jetzt das Cottage mit Leben füllen. Vielleicht mit einem Hund oder ein paar Katzen, die tagsüber umherstreiften und ihr am Abend vor dem Kamin schnurrend Gesellschaft leisteten.

Schließlich stieg sie aus, nahm ihr Gepäck aus dem Kofferraum und öffnete die Tür. Alles war unverändert. Nun ja, bis auf die Staubschicht auf dem Kaminsims. Egal. Darum würde sie sich morgen kümmern.

Morgen ist der erste Tag vom Rest meines Lebens. Was immer sie daraus machen würde. Sie kuschelte sich in den Ohrensessel vor dem Kamin und schloss die Augen.

In Irland gibt es viele einsame Gegenden. Curraduff war eine davon. Aber es ist schwer, in Irland lange allein zu sein. Schon am nächsten Morgen stand Moira in der Tür.

»Du bist schon wieder da? Ich dachte, du bleibst noch ein paar Tage in Dublin«, sagte sie und stellte einen Korb mit Eiern, Milch, Obst und Gemüse auf den Tisch.

»Es hat sich anders ergeben.« Maren blickte zu dem Korb. »Danke, Moira. Magst du einen Tee? Ich habe gerade welchen aufgebrüht.«

»Gern.« Moira setzte sich an den Tisch. »Anton hat dich gestern Abend in deine Einfahrt einbiegen sehen, wollte dich aber nicht stören.«

Maren nahm eine Tasse vom Haken an der Wand und füllte sie aus der Glaskanne, die auf einem Stövchen stand. Dann setzte sie sich neben Moira. Beide tranken schweigend einen Schluck Tee.

»Es tut gut, wieder zu Hause zu sein. Und Besuch von Freunden zu empfangen.« Maren drückte kurz Moiras Hand und lächelte. Auch nur kurz.

»Was ist passiert?«, fragte Moira mitfühlend.

Maren erzählte ihr von Leander, natürlich ohne ins Detail zu gehen, sie ließ nur durchblicken, dass sie sich näher gekommen waren. Vielleicht zu nahe. Nicht nahe genug. Dass sie ihn nicht wiedersehen würde.

»Ich habe einen Fehler gemacht«, gab sie zu. »Aber Fehler sind dazu da, um daraus zu lernen. Ich habe gelernt, dass ich keinen Mann brauche, um glücklich zu sein. Dass ich schon alles habe, was man zum Glücklichsein braucht: Ein Zuhause, Freunde, eine Arbeit, die Spaß macht. In genau dieser Reihenfolge. Die Rundreise war wunderbar. Ich hätte nicht gedacht, dass Sean ein so hervorragender Reiseleiter ist. Er schafft es mühelos, dass seine Gäste sich wohlfühlen. Sie fressen ihm förmlich aus der Hand. Wir haben sehr viel gelacht und ich habe so viele neue Eindrücke gesammelt. Langsam beginne ich zu begreifen, was es bedeutet, irisch zu sein. Ihr seid so verwachsen mit der Vergangenheit, und obwohl sie euch so viel Leid beschert hat, hält euch das nie davon ab, an eine bessere Zukunft zu glauben.«

»Sag nicht ›euch‹, meine Liebe. Du bist bereits irischer, als du denkst.« Moira lachte leise, legte ihren Arm um Marens Schulter und drückte sie an sich.

»Glaubst du wirklich? Dann hätte ich ja auch das sprichwörtliche Glück der Iren.«

»Was nicht immer ein Glück ist, und schon gar kein reines Vergnügen.«

»Ich weiß. Aber das gehört nun einmal dazu. Zum ersten Mal seit Victors Tod bin ich glücklich, Moira, hier und jetzt. Und ich habe die Absicht, es zu bleiben. Genau wie in diesem Augenblick. Und wenn das Leben mich zum Weinen bringt, dann tut es das nur, damit meine Augen hinterher noch mehr glänzen.«

Weil sie offiziell noch Urlaub hatte, rief sie ihren Friseur in Clifden an und bekam einen Termin am nächsten Tag. Anschließend fuhr sie über die Sky Road. Dort war sie vor Jahren mit Victor gewesen und stellte zufrieden fest, dass sich nichts geändert hatte. Die Straße war noch immer halsbrecherisch schmal und die Aussicht spektakulär. Nur der Parkplatz am höchsten Punkt kam ihr etwas größer vor. Sie saß lange auf dem Mäuerchen und schaute auf den Atlantik hinaus und auf die kleinen Inseln, an deren Ufer sich die Brandung brach.

Am Abend beschloss sie spontan, wieder einmal nach Cong zu fahren und von Ashford Castle mit dem Schiff nach Inchagoill Island. Sie wanderte durch die Ruinen der uralten Klosteranlage. Auf einem Stein am Rand eines schmalen Pfades stand: »Vorsicht, mit Ihrem nächsten Schritt betreten Sie eine andere Welt.« Vom Anleger konnte sie beinahe ihr Cottage sehen, wenn nicht die Landzunge von Curraduff und die kleine Insel Inishlannaun dazwischengelegen hätten, so ein selten klarer Tag war es.

Erst am dritten Tag meldete sie sich bei Ciara.

»Warum rufst du an, Maren? Kommst du etwa morgen nicht ins Büro? Natürlich freue ich mich, dass du dich meldest, ich meinte nur … geht es dir gut?«

»Es geht mir ganz hervorragend, Ciara. Natürlich komme ich morgen, ich nehme an, mein Schreibtisch quillt langsam über. Ich wollte nur wissen, was ich dir von Moira mitbringen soll.«

»Es ist tatsächlich einiges liegengeblieben, aber halb so wild. Und du darfst gern das Übliche mitbringen. Und Zeit. Ich will alles über die Tour wissen – und über Lee.«

»Dann hoffe ich, dass du genug Zeit hast. Es gibt einiges zu erzählen.«

»Oh, das klingt spannend. Nur ein kleiner Tipp, bitte, bitte.«

Maren lachte. »Kennst du den Spruch ›Vorfreude ist die reinste Freude‹? Damit hat es auch etwas zu tun, aber nicht so, wie du vielleicht denkst.«

»Ist dir eigentlich klar, dass du gerade meine Haare grau werden lässt?«

»Ein paar silberne Strähnen stehen dir bestimmt gut«, sagte Maren nur und legte auf.

Anders als bei Moira ging sie bei Ciara ein klein wenig mehr ins Detail.

»Du Ärmste«, sagte Ciara. »Wer hätte gedacht, dass er im Bett so ein Schwätzer ist. Aber ich bin überzeugt, dass er Berufliches und Privates trennen kann. Mach dir keine Sorgen, selbst wenn er uns die Zulassung wieder entzieht, haben wir ja noch ein paar andere Eisen im Feuer. Es gibt eine Mail aus Karlsruhe. Keine Ahnung, was drinsteht, sieht aber irgendwie verheißungsvoll aus. Also mach dich an die Arbeit, alles andere erzählst du mir später beim Essen. Zum Beispiel, wie mein kleiner Bruder und du miteinander ausgekommen seid. Er schweigt sich ja aus, wie immer.«

In der folgenden Woche klopfte es an der Tür von ›The Ferns‹.

»Komm rein, ich bin in der Küche«, rief Maren, im Glauben, es sei Anton, der im Gegensatz zu Moira immer zuerst anklopfte, bevor er das Cottage betrat.

Sie lauschte. Als sie nichts weiter hörte und Anton auch nicht zu ihr hereinkam, ging sie in den kleinen Flur – und blieb wie angewurzelt im offenen Durchgang zum Hauptraum stehen.

»Sean?«, war alles, was sie über die Lippen brachte und in ihrem Bauch schwärmten die Hummeln aus. Riesige Hummeln.

Er stand knapp zwei Meter von ihr entfernt und sah sie mit einem unergründlichen Blick an. Die schwarzen Haare wie immer verstrubbelt, der ungewohnte Dreitagebart verlieh ihm ein noch verwegeneres Aussehen.

»Maureen«, sagte er in diesem weichen Bariton, für den allein er einen Waffenschein bräuchte. Sonst nichts. Rührte sich ebenfalls nicht vom Fleck.

»Was willst du hier?«, fragte sie, als sie ihre Stimme wiedergefunden hatte.

»Sehen, wie du lebst.« Er trat einen Schritt auf sie zu und sein winziges Lächeln ließ die Asymmetrie seiner Schneidezähne mehr erahnen als sehen.

Genau so hatte Victor sie immer angelächelt, wenn er nach Hause gekommen war. Die Hummeln hatten elektrische Stacheln und sie waren überall. Auch sie wagte einen Schritt in seine Richtung. Nur noch ein Meter.

»Und? Kleine Führung gefällig, Boss?« Wenigstens hatte sie ihre Stimme halbwegs unter Kontrolle, wenn schon sonst nichts. »Viel gibt es nicht zu sehen.«

»Ich sehe dich, Maureen. Das genügt mir für den Moment.«

»Fein, dann kannst du ja jetzt wieder gehen.«

Wag es ja nicht. Wie sollte sie ihn aufhalten, wenn ihre Beine aus Gelee bestanden? Sie musste sich an der Tischkante festhalten. Er stand direkt vor ihr, kaum eine Armlänge entfernt. Wie war er dorthin gekommen? Sie sog seinen Geruch nach Heu und Kräutern ein, sah sich mit ihm in einem dämmrigen Stall, konnte fast die Grashalme fühlen, die ihren Rücken kitzelten.

»Soll das heißen, dass hier kein Platz für mich ist?«

Dazu fiel ihr nichts ein. Wie meinte er das überhaupt?

»Maureen«, sagte er wieder und es hörte sich an, als schnurrte eine Katze am Kamin. Eine große Katze. Eine Raubkatze.

Seine Stimme ging ihr durch und durch. Und sein Blick. Und überhaupt.

Es spielte keine Rolle, dass sie nicht in Sean McLeary verliebt war. Sie wollte ihn. *Jetzt. Auf der Stelle. Noch vor dem nächsten Atemzug.*

»Sean«, wisperte sie, als er sie in seine Arme nahm.

Dann musste sie nichts mehr sagen, weil seine Lippen ihren Mund verschlossen und sein Feuer das Eis in ihrem Herzen verzehrte.

ENDE

Danksagung

An dieser Stelle bedanken Autoren sich gern bei den Menschen, die zur Entstehung und endgültigen Fassung eines Romans beigetragen haben. Mein Dank gilt vor allem Eckhard L., Reiseleiter mit Leib und Seele – und ein wandelndes Lexikon zu verschiedensten Themen in Bezug auf seine Wahlheimat Irland. Mit seiner Erlaubnis habe ich aus dem Gedächtnis zitiert, was er bei passenden Gelegenheiten (also wenn es zufällig doch einmal regnet, was nicht so oft vorkommt, wie allgemein behauptet wird) über die Beeinflussung des Wetters mittels alkoholischer Getränke und Gruppendynamik erzählt. Darüber hinaus hat er keinerlei Ähnlichkeiten mit Elmer Doyle oder Sean McLeary.

Herzlichen Dank auch an Susanne F., Tanja K., Gabi S., Heike St. und Monja L., die diverse Rohfassungen gelesen haben. Sie brachten mich unter anderem dazu, für all jene Leserinnen und Leser, die Irland noch nicht kennen, einiges etwas ausführlicher zu erklären.

Nicht zuletzt danke ich den Damen von der »Büchermacherei«: meiner Lektorin Ursula Hahnenberg für die hervorragende Zusammenarbeit und Gabi Schmid, in deren kundigen Händen aus einem unformatierten Manuskript schließlich dieses Buch wurde.

Die Autorin

Die Autorin lebt in Hessen und reist seit 1994 mindestens einmal jährlich nach Irland, mit Freunden, einigen Reisegruppen oder auch allein. Sie kennt alle hier beschriebenen Orte – und noch einige mehr.

CPSIA information can be obtained
at www.ICGtesting.com
Printed in the USA
BVHW031431011020
590091BV00001B/160

9 783347 014787